jamovi로 쉽게 시작하는

데이터 분석

jamovi로 쉽게 시작하는

데이터 분석

김경철 · 유정인

KNOWLEDGE COMMUNITY 공동체

머리말

양적 연구를 하다 보면 통계 분석을 사용해야 하고 그 과정에서 어려움도 겪게 됩니다. 많은 대학원생들과 현장의 연구자들도 연구를 진행하는 과정에서 통계 분석의 어려움 때문에 고민에 고민을 거듭하다가 외부 기관이나 지인에게 의뢰하기도 합니다. 하지만 기초적인 통계 분석의 경우에는, 미리 통계는 어렵다는 편견을 가지기보다는 직접 데이터로 실습해 보고 도전하다 보면 금세 분석이 가능합니다.

이 책은 이처럼 데이터 분석을 처음 접하는 입문자나 통계에 대한 두려움을 가지고 있는 분들을 위해 jamovi(자모비)라는 통계 소프트웨어를 사용하여 실제 데이터를 분석하는 과정을 배울 수 있도록 구성하였습니다. jamovi는 프로그램의 구성이 직관적으로 되어 있어 처음 통계를 배우는 사람들에게도 진입 장벽이 낮다는 장점이 있습니다. 또한 데이터를 분석할 수 있는 통계 프로그램들이 유료로 제공되어 경제적 부담이 있지만 다행히 jamovi는 무료로 사용이 가능합니다. 게다가 다양한 통계 기법을 지원하기 때문에 입문자들에게 추천할 만한 소프트웨어입니다.

이 책에서는 다양한 예제 데이터를 사용하여 jamovi를 이용한 기초적인 통계 분석 기법을 다루고 있습니다. 이론적인 내용보다는 데이터를 다루는 실제적인 경험을 중심으로 설명하였으며, 각 통계 분석 방법별로 해당 분석에 대한 설명과 jamovi에서 분석할 수 있는 방법을 자세히 안내합니다. 원하는 통계 분석을 실행하려면 어떤 메뉴와 버튼을 순차적으로 클릭하여 진행해야 하는지 그 과정을 상세하게 담았습니다. 그리고 예제와 연습문제로 실습할 수 있는 기회를 제공하여 이 책을 보는 누구나 기초적인 통계 실습을 마스터할 수 있도록 도와드립니다.

책을 읽으면서 이론적인 내용보다는 실제 데이터를 다루는 경험을 중심으로 학습하여 여러분의 통계 분석에 실질적인 도움이 되기를 바랍니다.

아울러 책이 나올 수 있도록 도움을 주신 공동체 출판사 가족 여러분께 깊은 감사의 마음을 드립니다.

저자 일동

Contents

차 례

예제실습과 연습문제 데이터, jamovi에서 연습문제를 실행한 결과(.omv) 파일은 우측의 QR코드를 통해 도서출판 공동체 홈페이지(https://www.compub.co.kr)에서 다운로드 할 수 있습니다.

CHAPTER 01

jamovi 소개

CHAPTER 01

jamovi 소개

1. jamovi 프로그램 특징

jamovi Stats. Open. Now. 는 무료 오픈 소스 프로그램이며 사용이 간편한 통계 프로그램입니다. 처음부터 사용하기 쉽게 설계되었으며 직관적이며 비주얼화 되어서 누구나 쉽게 활용할 수 있는 장점이 있습니다.

☑ 또한 프로그램 설치 시 기본으로 설치되는 통계분석 외에 모듈을 다운로드하면 추가로 더 많은 통계분석을 실시할 수 있습니다. 모듈이 수시로 개선되고 추가되어 점점 더 다양한 통계분석이 가능해지고 있으며, 사용자의 취향에 따라 다양한 메뉴 구성이 가능하다는 장점을 가지고 있습니다.

☑ jamovi 메뉴와 명령은 SPSS와 같은 프로그램에서 쉽게 전환할 수 있게 설계되었으면서도 내부적으로는 강력한 통계 프로그래밍 언어 R을 기반으로 하기 때문에 통계분석에 막강합니다. jamovi에서 수행한 분석과정은 R 언어로 표현되기 때문에 R 프로그램 환경에서도 분석 결과에 대한 검증과 추가 분석이 가능하답니다. 또한 R기반 통합프로그램이기 때문에 R 코드를 지원하며 추후 R과 호환하여 사용하기에 편리합니다.

☑ 통계 분석 시 즉각적으로 결과를 확인할 수 있다는 것이 장점입니다. 분석할 변수를 추가했을 때 실시간으로 업데이트된 표나 그래프를 바로 확인할 수 있어요. 또한 재현 가능성이 매우 높아 저장된 파일을 불러오면 지난 번 분석과 동일한 분석이 가능합니다.

☑ 기존의 상업적 통계분석 프로그램인 SPSS와 같은 소프트웨어의 대안으로 무료로 쉽게 사용할 수 있기 때문에 많은 연구자들을 위한 유용한 프로그램이라고 할 수 있습니다.

2. jamovi 다운로드

jamovi 프로그램은 https://www.jamovi.org에서 다운로드할 수 있습니다. 인터넷 익스플로러를 이용하면 설치 시 에러가 발생할 수 있으므로 크롬(Chrome)을 사용하기를 권합니다.

jamovi는 Windows Vista(64비트) 이상에서 사용할 수 있으므로 자신의 컴퓨터가 64비트를 지원하는지 먼저 확인해야 합니다. macOS는 10.9 이상(Mavericks 이상)에서 사용할 수 있습니다.

Plus Tip

Windows에서 자신의 컴퓨터가 64비트인지 확인할 수 있는 방법

[윈도우 시작]-[설정]-[시스템]-[정보]-〈장치 사양〉에서 시스템종류를 확인하면 '64비트 운영체제, x64기반 프로세서'라고 되어 있어야 합니다.

(1) 크롬에서 jamovi 홈페이지로 이동해 봅시다. 첫 화면에서 jamovi desktop 박스를 클릭하면 두 가지 버전의 프로그램을 제시하고 있습니다.

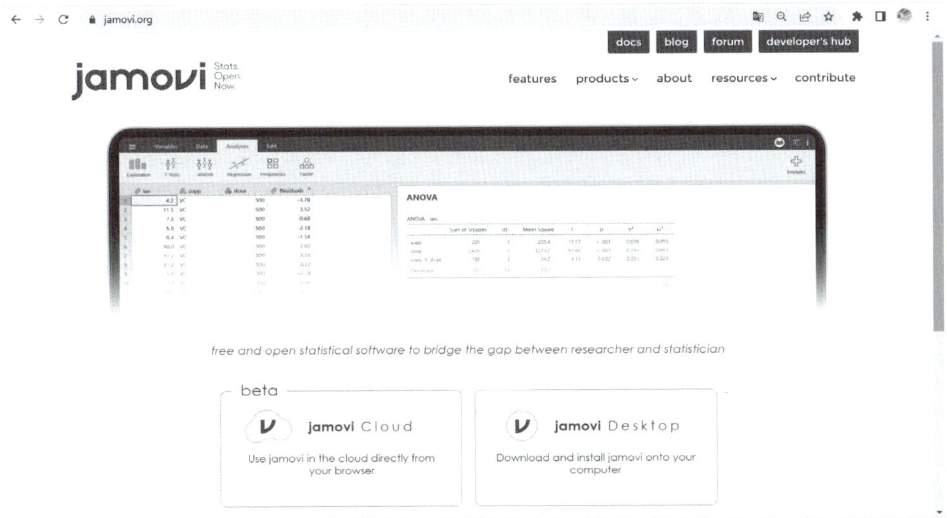

| 그림 1-1 | jamovi 홈페이지

(2) (2023년 3월 기준) 2.3.21 solid와 2.3.24 current가 현재 개발된 가장 최신의 버전이며 대부분의 사용자에게 권장되는 안정화된 버전입니다.

Windows 또는 Mac OS 중 자신의 컴퓨터 운영체제에 맞는 버전을 선택하여 다운로드하면 됩니다.

| 그림 1-2 | jamovi 다운로드 화면

(3) 컴퓨터의 다운로드 폴더에서 jamovi 프로그램을 클릭하여 설치합니다.

| 그림 1-3 | jamovi 다운로드

(4) 현재 jamovi는 다운로드 없이 클라우드 버전으로 인터넷 브라우저에서도 사용할 수 있도록 하고 있습니다.

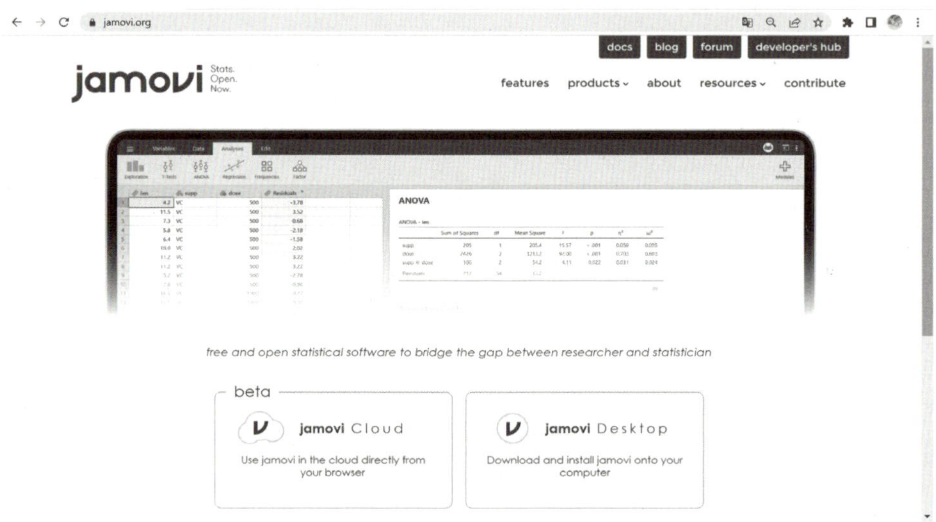

| 그림 1-4 | jamovi Cloud

(5) jamovi Cloud를 선택하면 새로운 탭이 생성되며 다운로드 한 프로그램의 화면과 똑같이 웹상에서 구현이 됩니다. 다운로드하지 않아도 된다는 장점이 있지만 안정적이지 않으며 작업 중에 연결이 끊기는 경우도 있습니다.

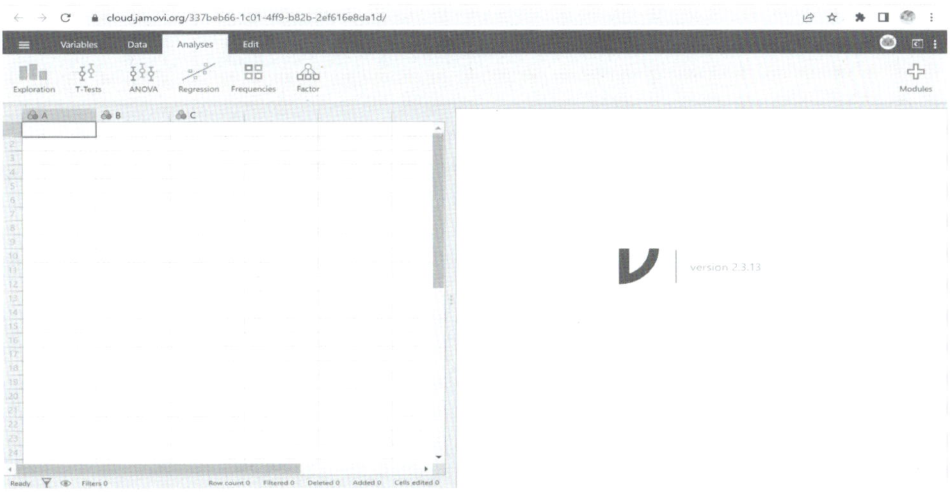

| 그림 1-5 | jamovi Cloud 버전

3. jamovi 실행

1) jamovi 살펴보기

다운로드 후 jamovi를 실행하면 다음과 같은 창이 열립니다. 크게 창이 2개로 나누어져 있는 것을 볼 수 있습니다. 왼쪽은 자료를 입력하는 데이터 창이며 오른쪽은 통계 분석 결과가 출력되는 창입니다. 가운데 분할 선을 움직여 창의 크기를 조절할 수도 있습니다.

가장 상단에는 ≡, Variables, Data, Analyses, Edit, ⋮ 메뉴가 있습니다.

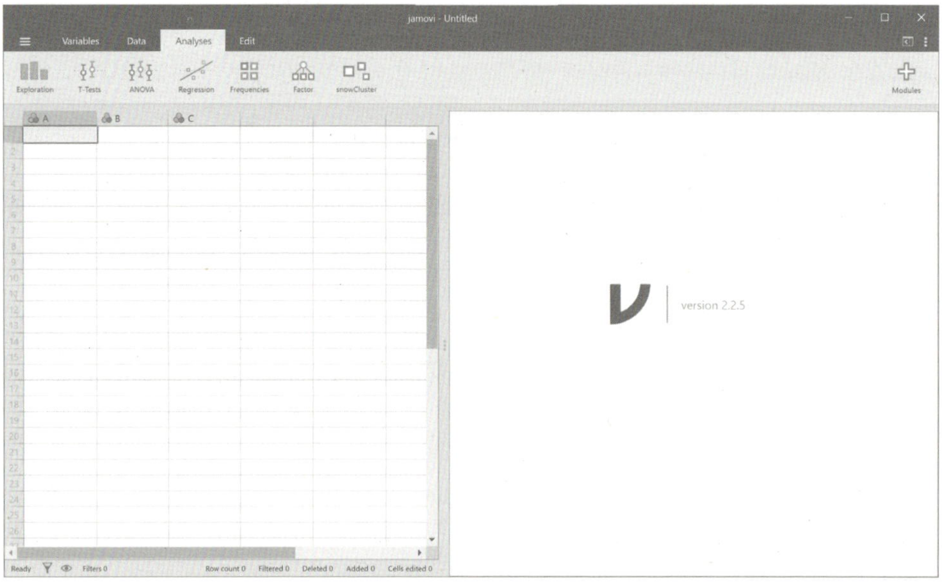

| 그림 1-6 | jamovi 기본 화면

(1) ☰ 는 메뉴 탭으로, 클릭하면 왼쪽에서 메뉴가 나옵니다. 어떤 메뉴가 있는지 하나씩 살펴볼까요?

- New 새로 만들기
- Open 불러오기
- Import 다른 형식 파일 불러오기
- Save 파일 저장
- Save As 다른 이름으로 파일 저장
- Export 다른 형식 파일로 내보내기
- Recent 최근 사용파일 목록

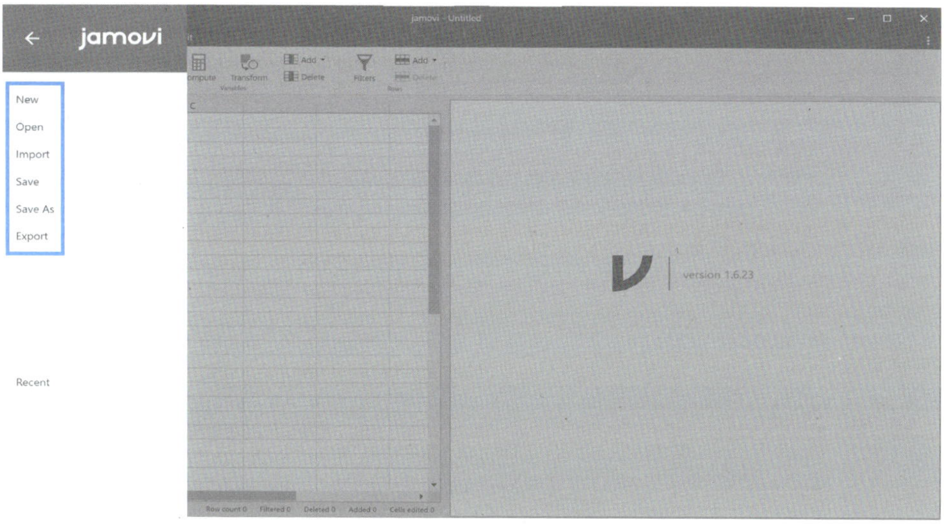

| 그림 1-7 | 메뉴 살펴보기

(2) 'Variables'는 변수들을 관리할 수 있는 탭입니다. Variables를 클릭하면 변수들의 제목과 설명이 나타납니다. 여기에서 각 변수 제목, 추가 설명을 입력할 수 있습니다.

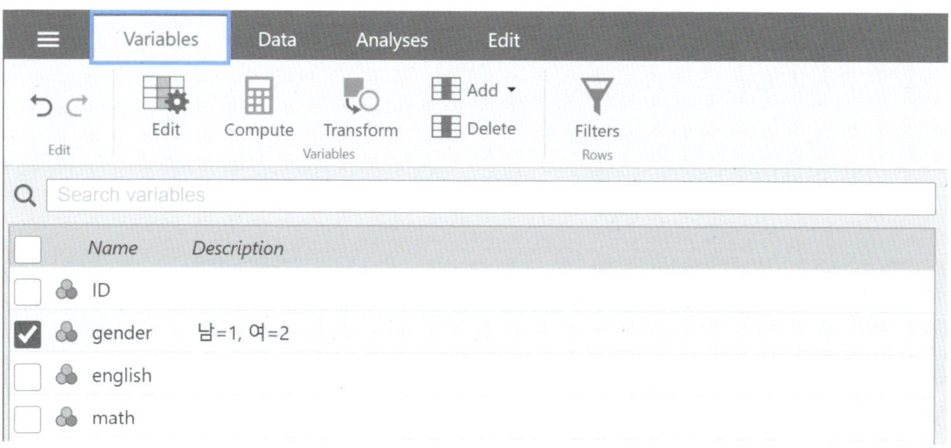

| 그림 1-8 | variables 탭

(3) 변수 유형에 맞게 변경이 가능하며, 여러 변수들을 체크하여 한 번에 변경도 가능합니다.

❶ 변경할 변수들을 체크하고 ❷ Edit를 선택한 후(주의 : 맨 상단 파란 바탕의 흰 글씨의 Edit 탭 아님), ❸ Measure type의 바를 클릭하면 여러 유형의 변수들 중에 해당 유형을 선택합니다.

* 변수 유형이 잘못 설정되어 있으면 분석 실행이 되지 않으므로 분석 전에 항상 점검을 해주어야 합니다.

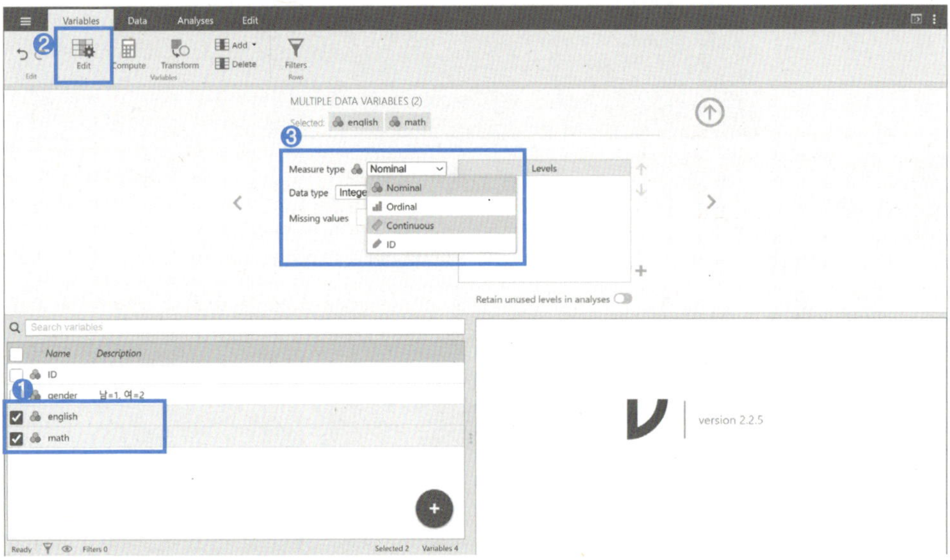

| 그림 1-9 | Variables 탭에서 변수 유형 설정하기

(4) 'Data' 탭은 데이터 관리를 할 수 있는 탭입니다. 새 열 추가, 새 변수 계산, 변수의 특정 값을 필터링하는 등의 작업을 수행할 수 있어요.

| 그림 1-10 | Data 탭

- Paste : 클립보드에서 데이터 자르기, 복사하기
- Edit : 수정하기(되돌리기, 다시 실행)
- Setup : 변수 정의 및 설정

- Compute : 변수 계산
- Transform : 변수 변환
- Add, Delete : 열 추가, 삭제
- Filters : 필터링, 행 추가, 행 삭제

(5) 'Analyses' 탭은 데이터를 탐색하고 다양한 통계 분석을 수행할 수 있는 분석 탭입니다. T-test, ANOVA, 회귀분석 등의 여러 통계 패키지가 있으며, 아이콘을 클릭하면 해당하는 통계 분석을 실행할 수 있어요.
아이콘들이 그림으로 되어 있고 해당 분석의 내용을 잘 담고 있어서 초보자들도 이용하기가 매우 편리합니다.

| 그림 1-11 | Analyses 탭

(6) 'Edit' 탭에서는 통계 분석 결과가 오른쪽 창에 출력된 후 'edit' 메뉴를 클릭하면, 출력된 결과에서 표의 제목이나 결과에 대한 해석 등을 결과창에 직접 입력할 수 있습니다. 입력뿐 아니라 다양하게 편집이 가능합니다.

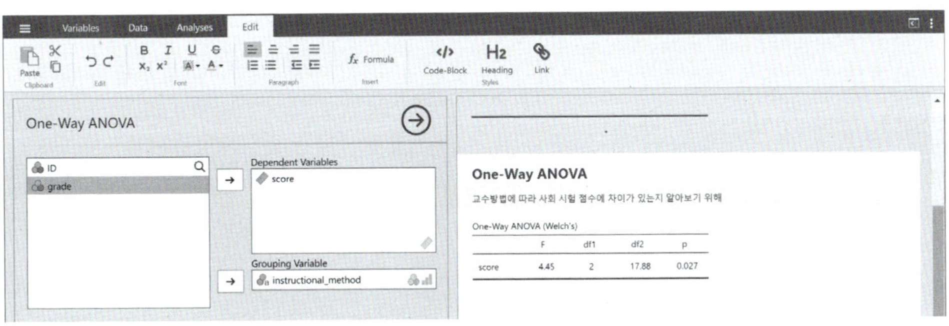

| 그림 1-12 | Edit 탭

(7) ⋮는 여러 값을 사용자가 설정할 수 있는 탭입니다. 클릭하면 오른쪽에서 메뉴가 나오며, 창의 크기 조절, 결과값의 소수점 수, 그래프 배경 및 색 조정, 무응답 값을 지정할 수 있어요.

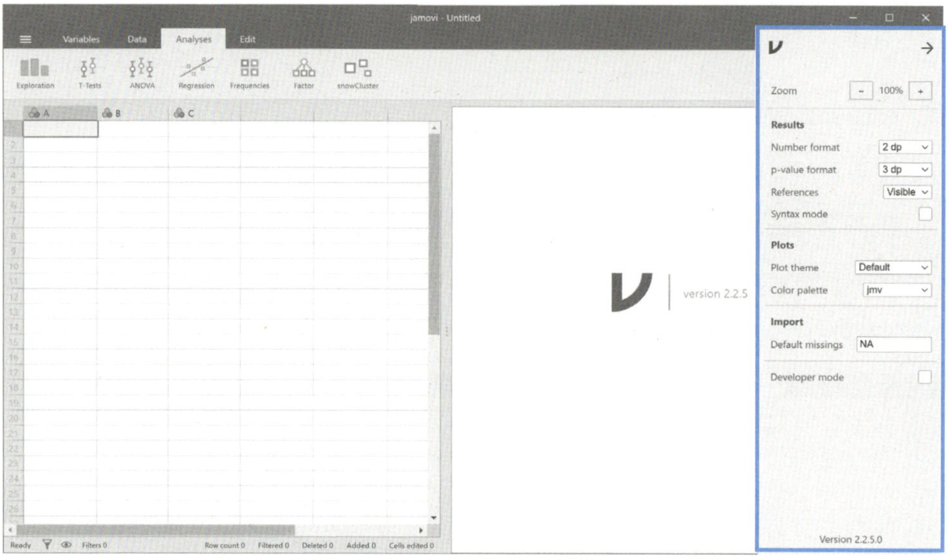

| 그림 1-13 | jamovi 설정 메뉴

2) 모듈추가

앞에서 소개했던 것처럼, jamovi에서는 모듈을 설치하여 기본적으로 제공된 옵션 이상의 통계 분석을 구현할 수 있습니다. 여러 개발자들이 모듈을 만들어 공유하며 jamovi 사용자는 자신에게 필요한 모듈을 선택하여 다운로드 및 설치한 후 사용할 수 있습니다. 또한 필요 없을 때에는 자유롭게 삭제하여도 됩니다.

▶ 함께 'scatr' 모듈을 설치해 보도록 합시다. 'scatr'는 산점도 및 파레토 차트와 같은 여러 유형의 플롯을 생성할 수 있는 모듈입니다.

(1) 오른쪽 상단의 Modules – jamovi library를 클릭합니다.

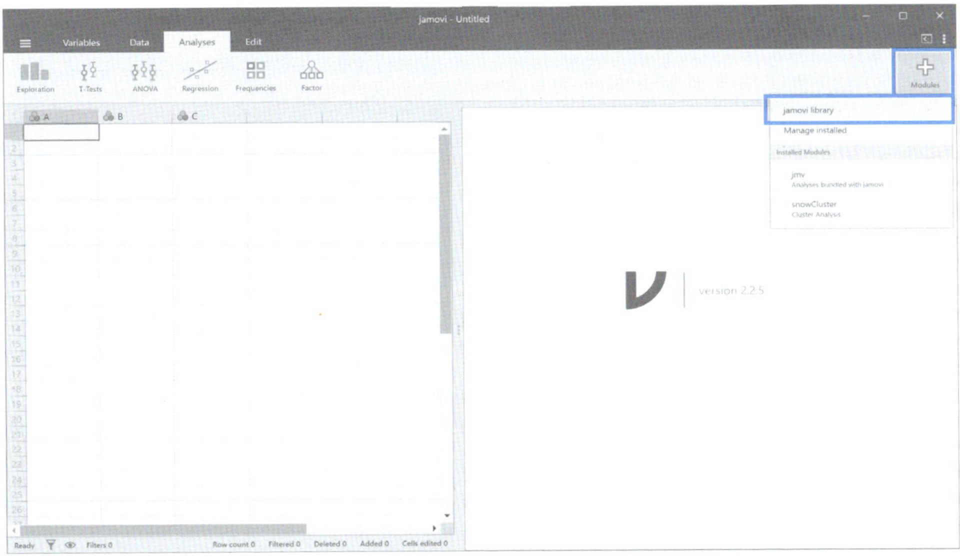

| 그림 1-14 | jamovi library

(2) library 창이 뜨면 available 탭에서 'scatr' 모듈을 찾아 install 버튼을 클릭하여 설치합니다.

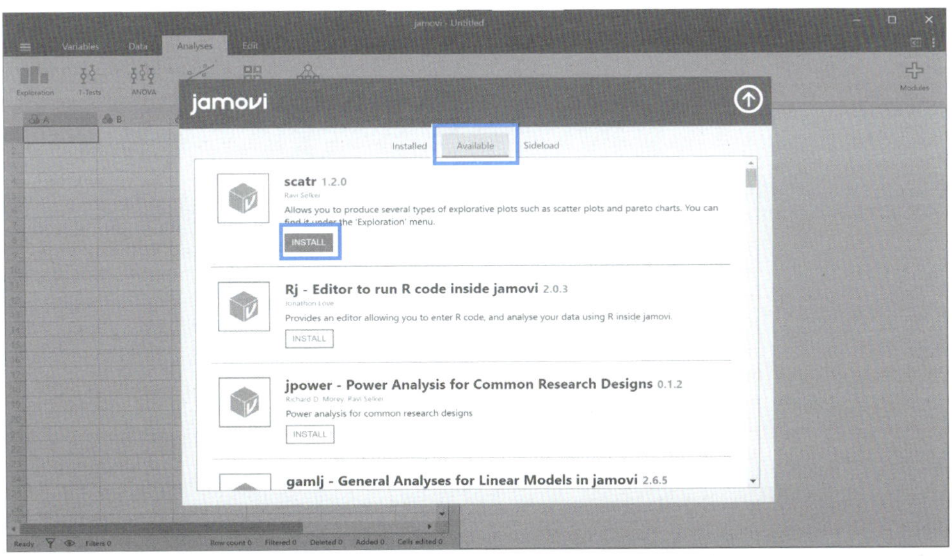

| 그림 1-15 | jamovi library에서 모듈 추가

(3) 설치가 완료되면 INSTALLED로 표시가 바뀌어 설치된 것을 확인할 수 있으며, Installed 탭에서 지금까지 설치된 모듈을 모두 확인할 수 있습니다.

| 그림 1-16 | 설치된 모듈 확인

(4) 지금 설치한 'scatr' 모듈은 Analyses – Exploration에서 메뉴가 생성된 것을 확인할 수 있습니다. 이제 여기에서 산점도와 파레토 차트를 그릴 수 있습니다.

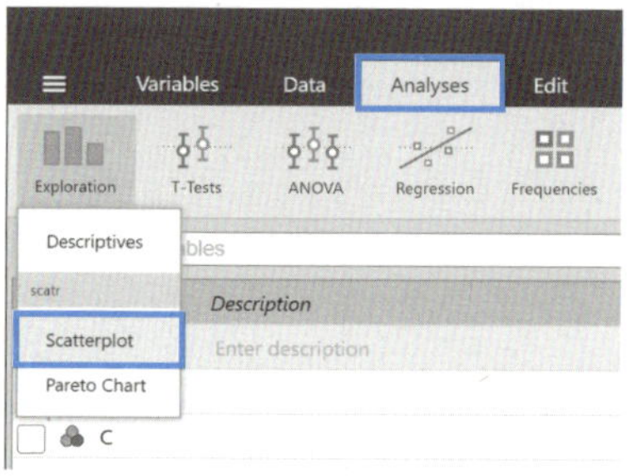

| 그림 1-17 | Scatterplot 모듈 설치 확인

한 번 더! 예제 데이터 모듈 추가

앞으로 통계 분석 실습 시 learning statistics with jamovi의 예제 데이터를 사용하므로 lsj-data 모듈 추가를 실습해 봅시다.

(1) 우측 상단의 +Modules – jamovi library를 클릭합니다.

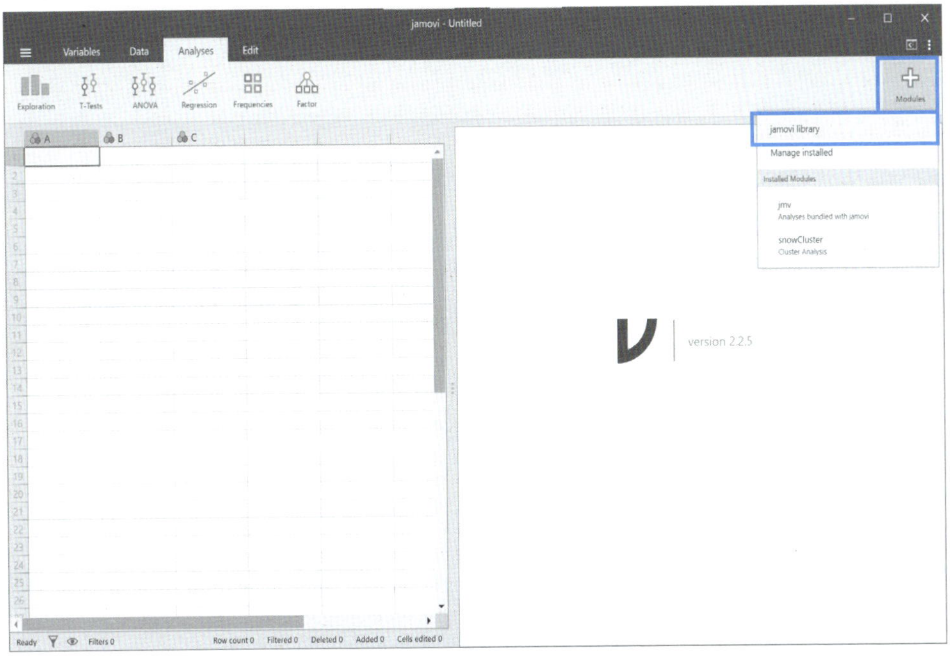

| 그림 1-18 | jamovi library 실행

(2) 'lsj-data-learning statistics with jamovi' 제목을 찾아 install 버튼을 클릭하여 설치합니다.

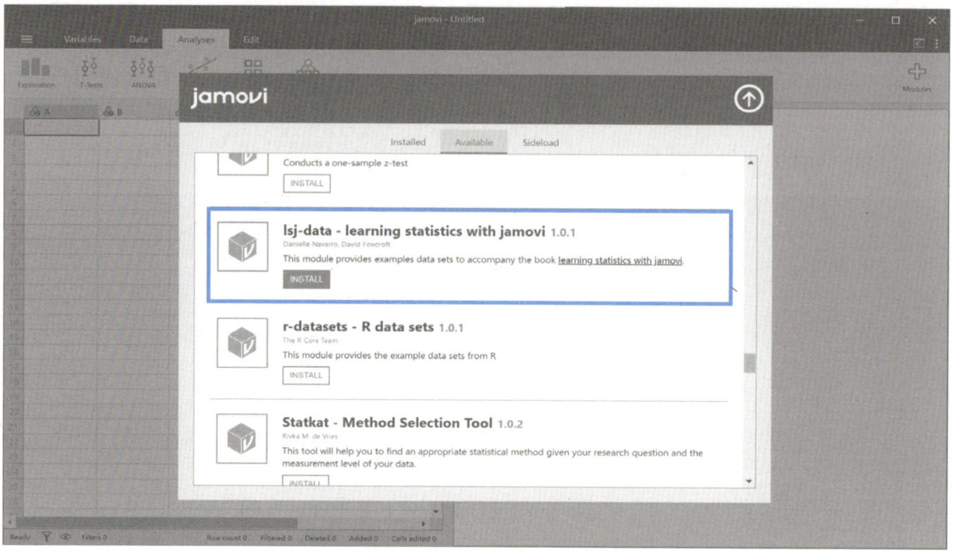

그림 1-19 lsj-data 모듈 설치

(3) 메뉴에서 Open – Data Library를 클릭하면 데이터들의 목록을 볼 수 있습니다.

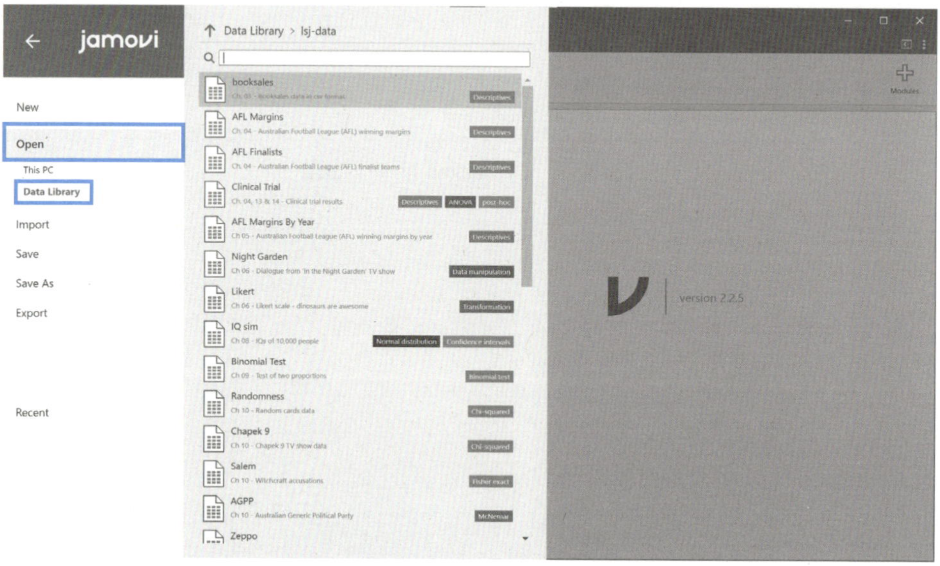

그림 1-20 lsj-data 확인

4. 데이터 준비하기

통계 분석을 위해 데이터를 준비하는 방법은 jamovi에서 직접 입력하는 것과 jamovi에서 작성했던 파일, 외부 프로그램에서 저장된 파일을 불러들이는 방법이 있습니다. 특히 jamovi에서 작성한 파일을 '.omv' 형식으로 저장하여 다시 불러올 때, 통계 결과까지 함께 불러올 수 있습니다. jamovi는 이러한 재현 가능성이 매우 뛰어난 장점을 가지고 있죠.

1) jamovi에서 데이터 입력하기

입력방법은 엑셀과 동일합니다. 행은 하나의 케이스를 나타내고 열은 단일 변수에 해당하며 각 셀에 변수값을 입력합니다. 변수명에 이름을 입력하지 않으면 자동으로 A, B, C의 순으로 지정됩니다.

예제 '시험점수' 파일의 데이터를 jamovi에서 함께 입력해 봅시다.

(1) 각 변수의 제목과 유형을 입력합니다.

① 처음에 변수명이 A, B, C의 순으로 세 열의 제목이 지정되어 있습니다. 각 변수 제목을 두 번 클릭하여 윗부분에 입력창이 나오면 변수제목을 입력하고, 유형을 설정해 줍니다.

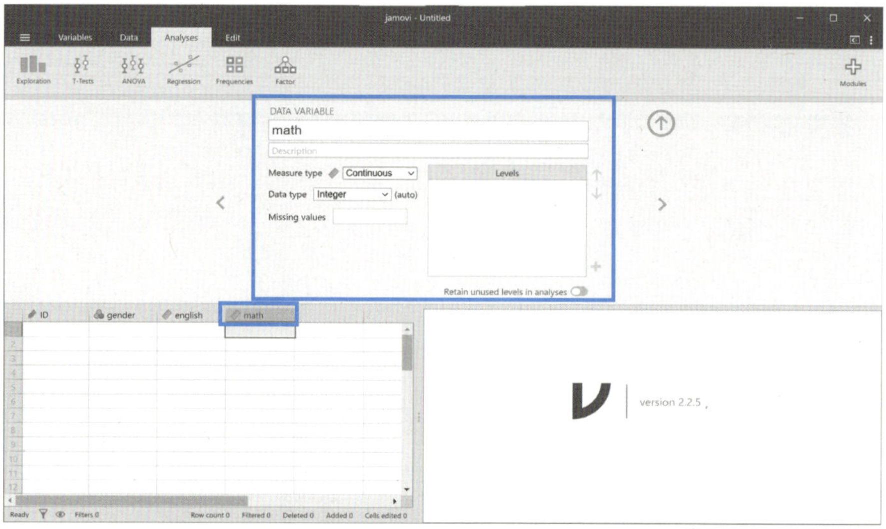

| 그림 1-21 | jamovi에서 데이터 입력 및 변수 유형 설정

② 각 학생별로 일련번호와 성별, 영어 점수, 수학 점수를 입력합니다.

	id	gender	english	math
1	1	female	84	93
2	2	male	73	82
3	3	male	92	85
4	4	female	83	90
5	5	female	93	88
6	6	male	99	95
7	7	male	88	67

| 그림 1-22 | 데이터 입력

2) 파일 불러오기

☰ – Open – This PC에서 파일을 불러옵니다. jamovi는 Excel, SPSS, R, Stata, SAS, JASP 프로그램에서 작성한 파일들을 읽을 수 있습니다.

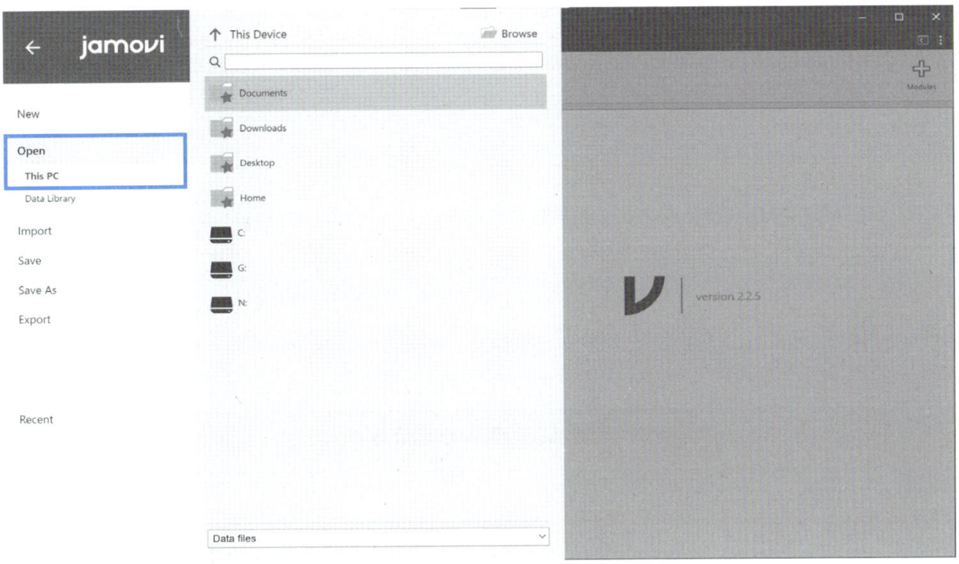

| 그림 1-23 | 파일 불러오기

데이터를 입력할 때 많이 쓰는 Excel에서 파일을 저장할 때 보통 .xlsx 형식으로 저장을 하지만 jamovi에서 파일을 불러와 사용할 때에는 R프로그램과의 호환성과 편리함을 고려해 '.csv' 형식으로 저장하여 파일을 사용할 것을 권합니다. .csv 형식은 엑셀뿐 아니라 일반 문서편집 프로그램이나 데이터 에디터 프로그램에서도 쉽게 작성할 수 있습니다.

엑셀에서 저장할 때에는 다른 이름으로 저장을 선택하여 파일 형식을 CSV(쉼표로 분리)를 선택해 줍니다.

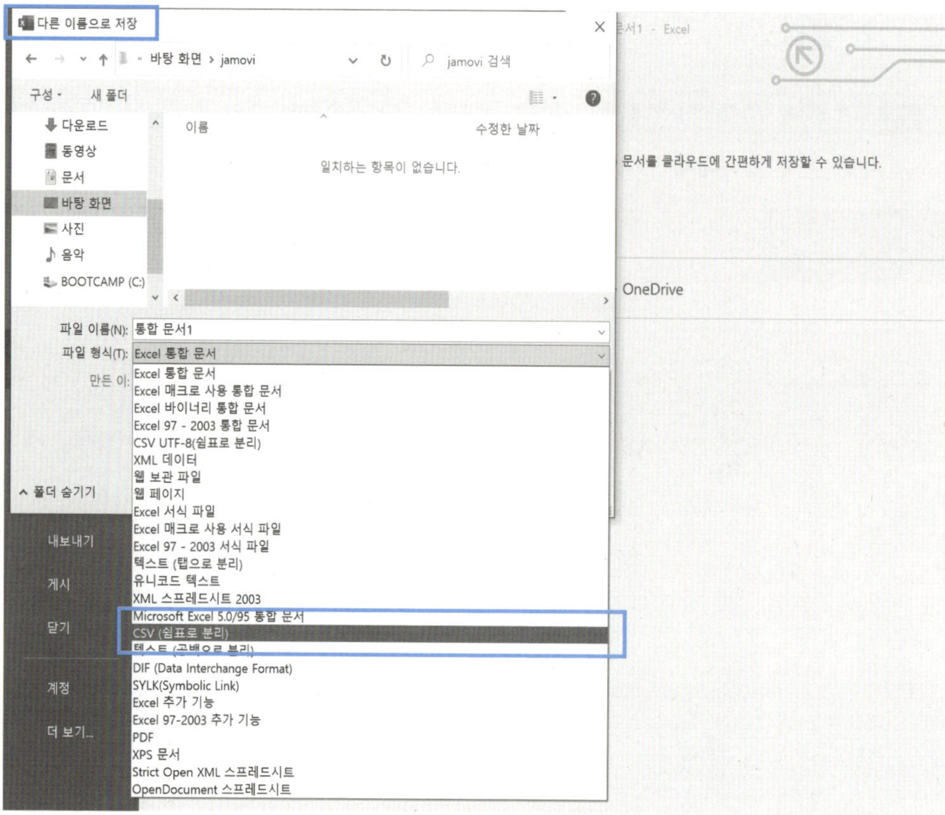

┃그림 1-24┃ CSV로 저장하기

3) 변수 정의

변수 정의는 통계처리에 필요한 데이터의 변수 이름, 특성 등을 jamovi에게 알려주는 것입니다. Variables 메뉴로 들어가서 Edit를 클릭하면 변수를 정의할 수 있는 DATA VARIABLE이 나옵니다. 또는 데이터 편집기에서 설정이 필요한 변수의 이름을 두 번 클릭하거나 Setup을 클릭하면 여기에서도 변수 이름, 속성, 변수 유형 등을 설정할 수 있습니다.

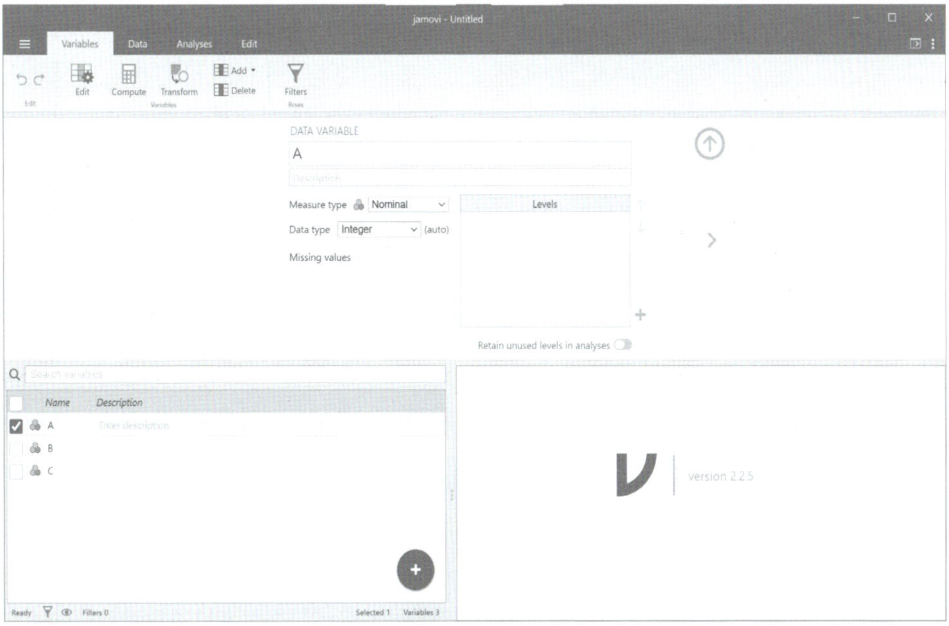

| 그림 1-25 | 변수 정의

- DATA VARIABLE

  가장 첫 줄에 변수이름을 입력합니다. 한글도 입력 가능하지만 가끔 한글 인식 오류가 발생하기도 하므로 영어로 작성하는 것이 좋아요. 아랫줄에는 변수에 대한 설명이 필요할 때 추가로 입력할 수 있습니다.

- Measure type

  변수의 유형은 다음과 같이 네 종류가 있습니다.

Nominal	명목변수 (nominal variable)	예 혈액형, 성별 등에 수치를 부여한 것. O형=1, A형=2, B형=3, AB형=4로 하는 등. 1, 2, 3, 4는 우열관계나 대소관계가 아님
Ordinal	서열변수 (ordinal variable)	예 성적, 선호도 조사 등에서 순서에 따라 우열관계나 대소관계가 성립하는 것으로, 시험에서 1등, 2등, 3등에 수치를 부여한 것

Continuous	연속변수 (continuous variable)	예 점수, 기온 등의 수치로 시험점수 100점은 50점보다 50점 더 높지만 2배로 시험을 잘 본 것은 아님 – 비율 관계가 아님 / 키, 몸무게, 돈, 연령 등의 수치-비율관계+일반적으로 등간척도와 비율척도를 구분해서 설명하지만, jamovi에서는 이 둘을 구분하지 않고 연속변수로 처리
ID	일련번호	예 연구자가 부여한 데이터들의 일련번호

데이터를 외부에서 불러왔을 때 jamovi는 일부 변수를 명목변수로 인식할 때가 있습니다. 반드시 확인하여 변수의 유형을 알맞게 설정해야 합니다.

- Data type

  데이터가 정수(integer), 소수점(decimal), 문자(text) 중 어느 것으로 이루어져 있는지 설정할 수 있습니다. text로 설정하면 Measure type에서 자동으로 Nominal로 변경됩니다.

예제 데이터 '시험점수.csv' 파일을 불러와서 변수 유형을 설정해 볼까요?

시험점수 파일에는 총 64명의 성별 정보와 영어 점수, 수학 점수가 포함되어 있습니다. 영어 점수와 수학 점수는 100점 만점의 연속변수입니다. 첫 번째 칼럼은 ID로, 학생들의 일련번호입니다. 총 64명이므로 64줄이 필요하겠지요. 두 번째 칼럼 gender는 성별, 세 번째 칼럼 english는 영어 점수, 네 번째 칼럼 math는 수학 점수입니다.

1열 : ID

2열 : gender(성별)

3열 : english(영어 점수)

4열 : math(수학 점수)

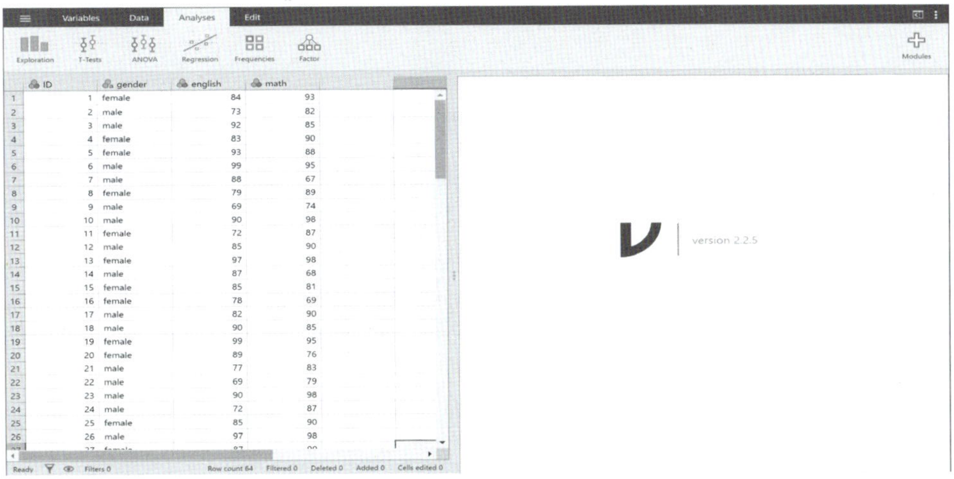

| 그림 1-26 | 예제 데이터

(1) 변경하고자 하는 변수를 선택합니다.

- 파일을 열면 english, math 둘 다 연속변수인데 명목변수로 설정되어 있으므로 ❶ Variables에서 ❷ english와 math를 선택하고 ❸ Edit를 클릭하여 Measure type을 ❹ Continuous로 변경합니다.

  ❺ 설정이 끝나면 우측 상단의 ⓘ를 클릭하여 창을 닫습니다.

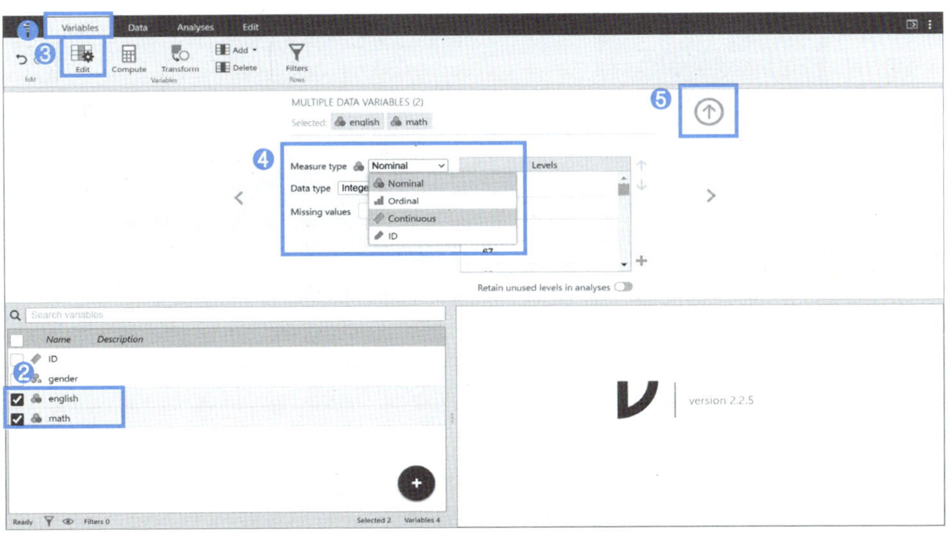

| 그림 1-27 | 변수 유형 설정

(2) 옵션에서 설정이 끝나면 english와 math가 연속형 변수 표시로 변경된 것을 확인할 수 있습니다.

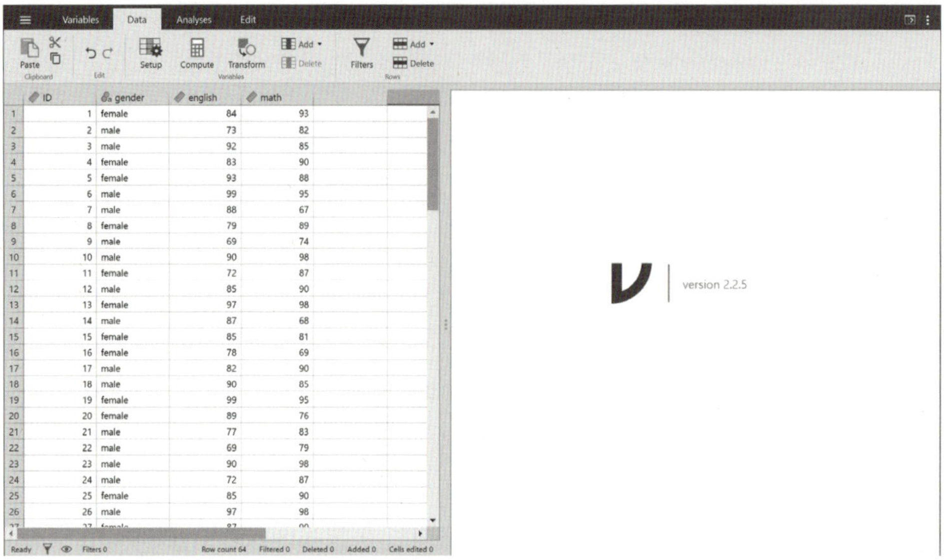

| 그림 1-28 | 변수 유형 확인

4) 자료 저장

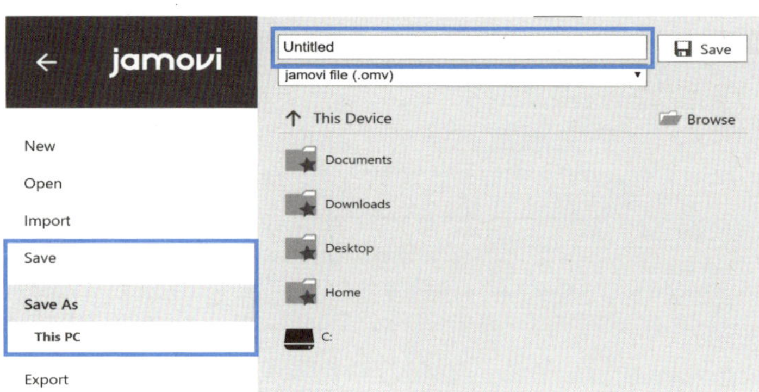

| 그림 1-29 | 저장하기

만일 다른 통계프로그램에서 사용하거나 자료를 다른 형식으로 저장하고 싶을 때에는 ☰ 메뉴 탭에서 'Export'를 클릭하여 파일 이름을 입력하고 원하는 형식을 선택하여 저장할 수 있습니다.

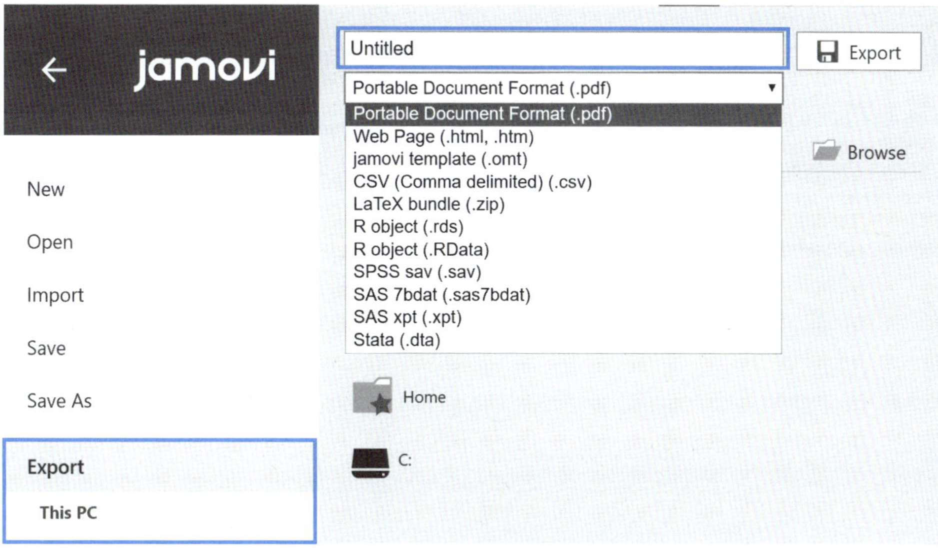

| 그림 1-30 | 다른 형식으로 저장

작업한 내용을 저장하려면 ≡ 메뉴 탭에서 Save as로 이동하여 제목을 입력 후 (이 경우 〈시험점수다른이름저장하기〉로) 저장합니다. Save as 메뉴에서 저장을 할 경우 '.omv' 확장자로 저장됩니다. 이는 jamovi 기본 파일로 데이터와 분석결과를 동시에 저장합니다. 그림 화면 중앙에도 jamovi-시험점수다른이름저장하기로 나타납니다.

| 그림 1-31 | 다른 이름으로 저장하기

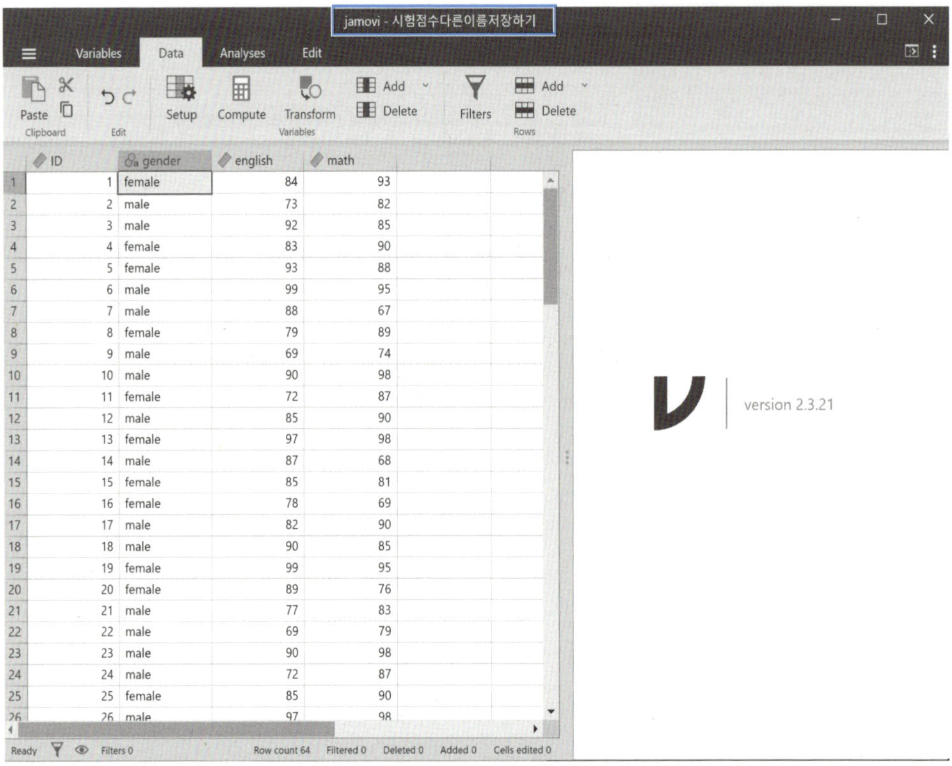

| 그림 1-32 | **다른 이름으로 저장하기 결과**

5) 변수 계산

기존의 변수를 이용하여 새로운 변수를 생성하거나 여러 변수를 조합하여 새로운 변수를 만들 경우에 사용합니다.

새로 생성하려는 변수의 열 바로 앞(왼쪽) 칸에 커서를 놓고 Data – Compute를 클릭하면 오른쪽에 새로운 변수값을 넣을 수 있는 열이 생성되고, COMPUTED VARIABLE이 나타납니다.

간단한 수식부터 여러 유용한 함수들을 사용하여 변수를 계산할 수 있습니다.

▶ 앞서 사용했던 '시험점수.csv' 파일로 영어 점수와 수학 점수의 평균을 구해봅시다.

(1) 가장 끝 math 변수를 선택 후 ❶ Compute를 선택하면 수식을 입력할 수 있는 옵션 창이 열리면서 새로운 열이 생성됩니다. 새로 생성된 열의 변수 이름을 입력합니다. 우리는 평균을 구할 것이므로 ❷ 'mean'이라고 입력해 봅니다.

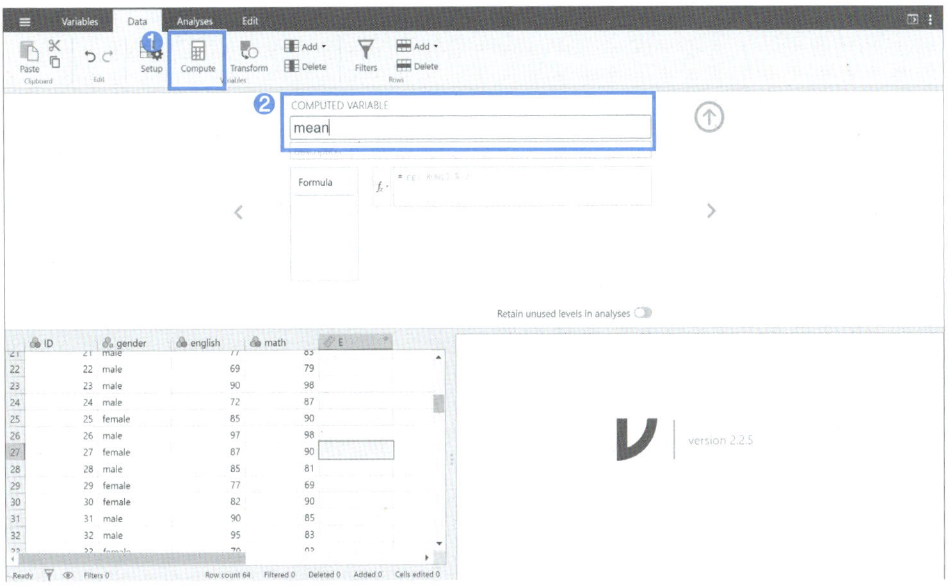

| 그림 1-33 | Compute에서 변수 계산

▶ 먼저, 수식을 직접 입력하여 영어 점수와 수학 점수의 평균 점수를 구해봅시다.

(1) 수식입력 란에서 f_x 를 클릭하여 기존의 변수들 창에서 사용할 변수를 두 번씩 클릭하거나, 변수명을 직접 입력하여 수식을 작성합니다. 변수명은 클릭하여 입력할 수도 있지만 +, /, (,) 등은 직접 입력해야 합니다.

- (english+math)/2

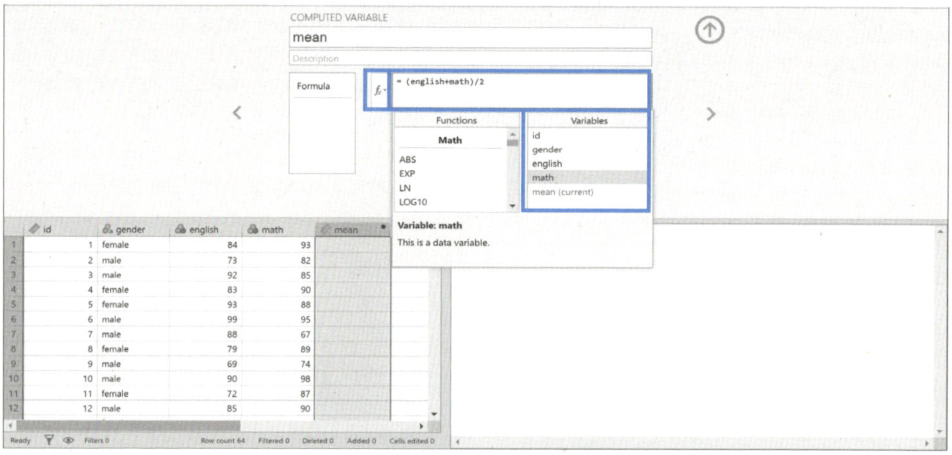

| 그림 1-34 | 수식 입력

(2) 수식을 완성하면 새로 생긴 변수에 자동으로 평균값이 생성됩니다.

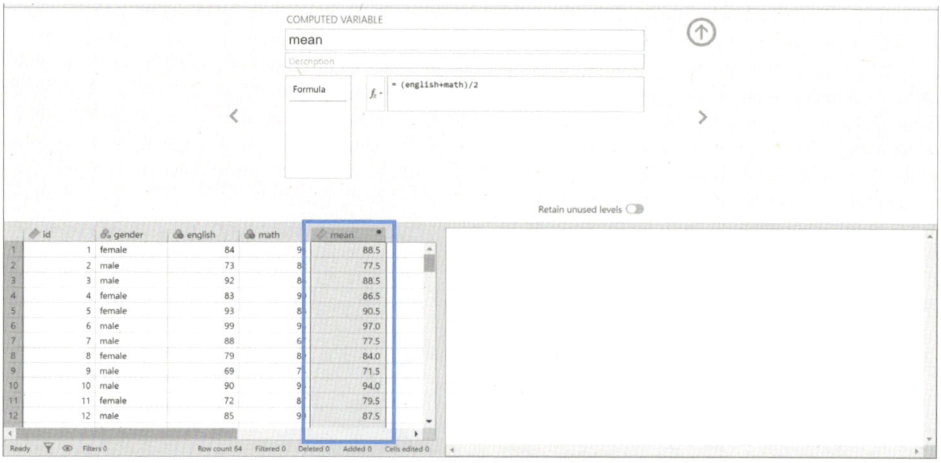

| 그림 1-35 | 평균값 생성

▶ 이번에는 함수를 사용하여 평균을 구해봅시다.

(1) compute를 클릭하고 새 변수 mean1을 생성합니다.

❶ f_x를 클릭하여 Functions에서 함수 ❷ 'MEAN'을 선택합니다. 함수를 선택하면 각 함수의 형식이 보여지므로 이를 참고하여 입력해도 됩니다. ❸ 계산에 사용할 변수들을 목록에서 두 번 클릭하거나 변수 이름을 직접 입력하여 수식을 작성합니다. ❹ 변수들 사이 콤마는 직접 입력해서 수식을 완성합니다. 수식을 완성하면 새로 생긴 변수에 자동으로 평균값이 생성됩니다. 앞에서 수식을 직접 입력한 mean 열의 값과 함수를 사용한 mean1 열의 값이 동일한 것을 볼 수 있을 것입니다.

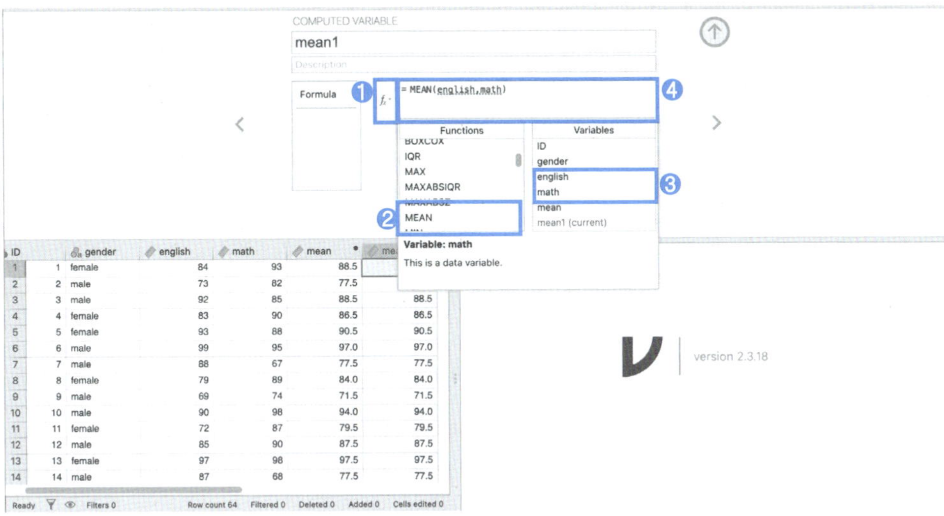

| 그림 1-36 | 함수 활용 평균 구하기

6) 코딩 변경

특정 변수의 값을 범주화하여 변수값을 변경하기 위해 사용합니다.

▶ 이번에도 '시험점수.csv' 파일을 이용하여 성별을 male(남자)=1, female(여자)=2로 변경해 보겠습니다.

(1) gender 변수에 커서를 놓고 ❶ Transform을 선택합니다. TRANSFORMED VARIABLE이 나타나고 ❷ 변수 이름은 자동으로 gender(2)로 입력되어 있을 것입니다.

❸ Source variable은 변경하고자 하는 변수가 설정되어 있습니다. ❹ using transform에서 Create New Transform을 클릭합니다.

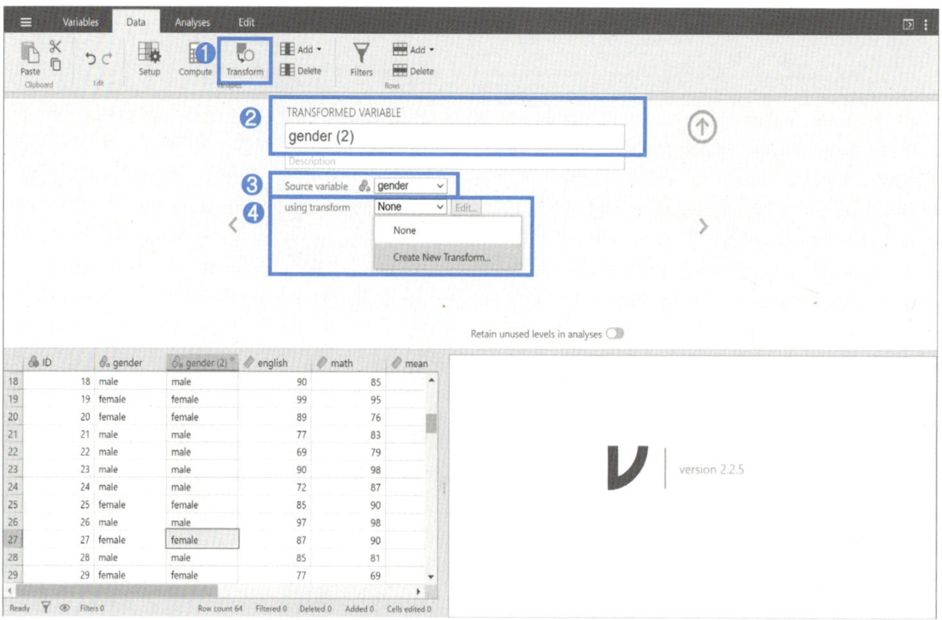

| 그림 1-37 | Transform에서 변수 변환하기

(2) Transform 1이 자동으로 생성되고 아래 +Add recode condition을 클릭합니다.

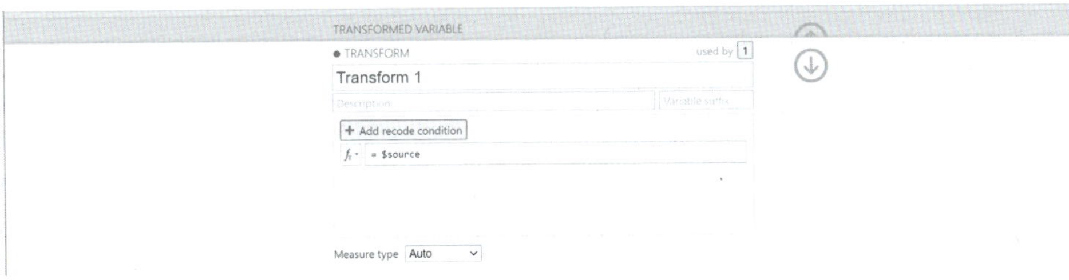

| 그림 1-38 | 변환 조건 입력창 생성

(3) recode condition을 입력하기 위해 가운데에 있는 탭을 클릭하면 조건을 구체화할 수 있는 연산자들이 나옵니다. male을 1로 표시하기 위해 ❶ '=='(등호 두 개)를 선택하고 ❷ 'male'(male은 문자이므로 따옴표를 함께 입력해 줍니다)을 입력합니다. 그리고 오른쪽 ❸ use 옆에 1을 입력합니다. 이는 male을 1로 리코딩하도록 하는 것이죠.

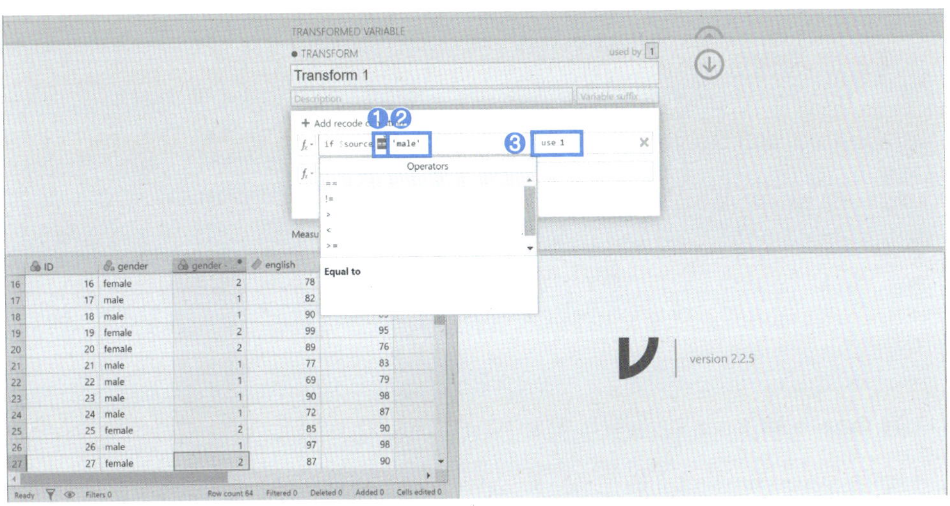

| 그림 1-39 | 변환 조건 수식 입력

(4) else use에 2를 입력하면 그 외의 다른 문자들은 모두 2로 리코딩하도록 하는 것입니다.

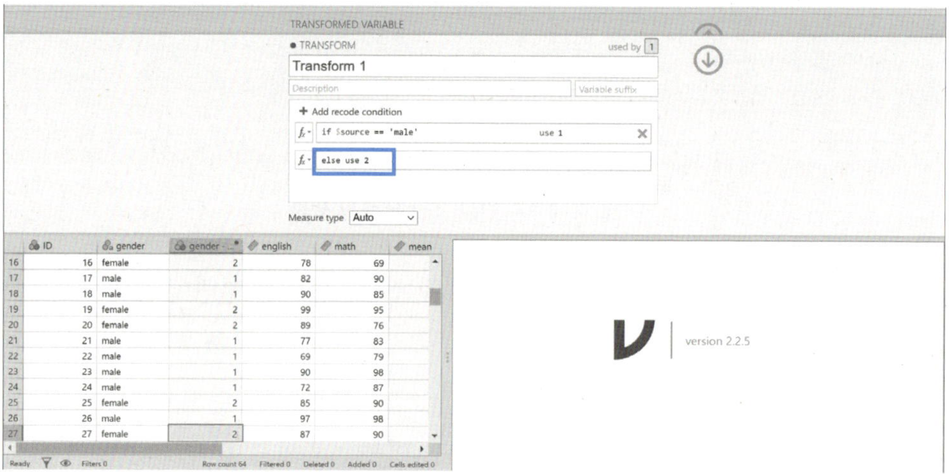

| 그림 1-40 | 변환 조건 입력

7) 케이스 필터링

전체 데이터에서 특정 조건의 케이스만 선택하여 보고자 할 때 사용하며, 두 개 이상의 조건을 동시에 만족하는 케이스를 선택하는 것도 가능합니다.

▶ 이번에도 '시험점수.csv' 파일을 이용해 영어 점수가 80점 이상인 학생들만 선택해 보고, 두 번째로는 영어, 수학 점수가 모두 80점 이상인 학생들만 선택해 보도록 합시다.

(1) ❶ Data – ❷ Filters를 클릭하면 ROW FILTERS가 나타납니다. 이때 커서는 아무 곳에나 두어도 Filter 1은 가장 첫 열에 생성됩니다.

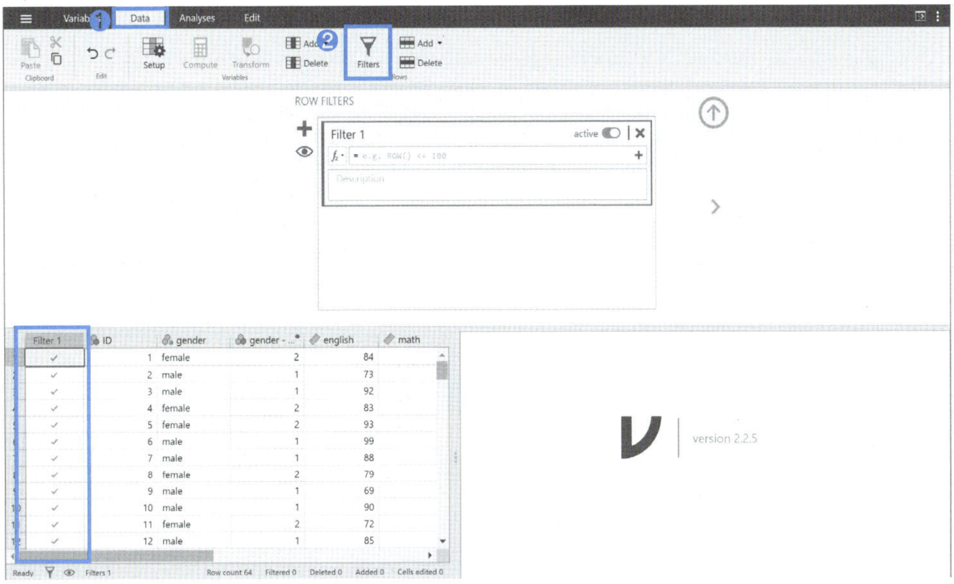

| 그림 1-41 | Filters 메뉴 선택

(2) ❶ $f_{(x)}$를 클릭하면 수식 입력이 용이하도록 함수와 변수 목록이 나타납니다. 먼저 영어점수가 80점 이상인 케이스를 선택하기 위해 ❷ english를 두 번 클릭합니다. english가 수식창에 입력되고 ❸ >=80을 입력하여 수식을 완성합니다.

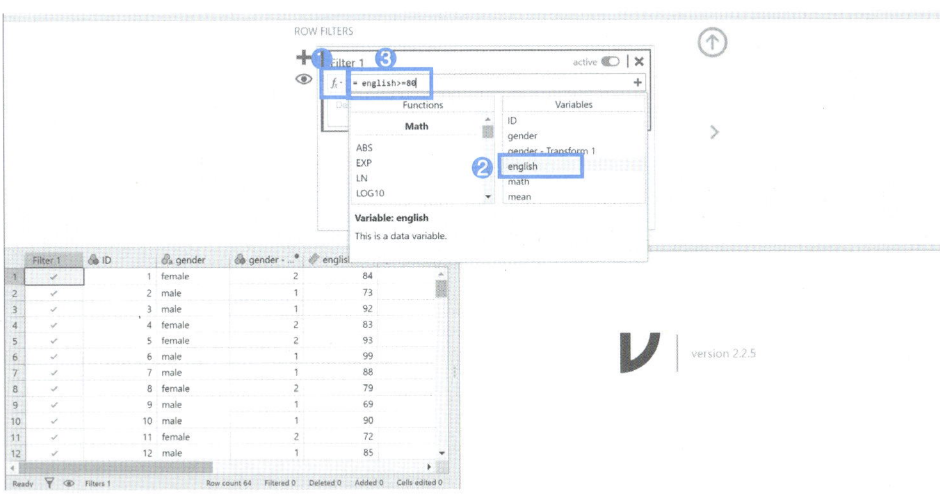

| 그림 1-42 | 필터링 조건 입력

(3) 조건을 만족시키는 해당 케이스인 영어 점수 80점 이상인 학생들 앞에 ✓표시가 나타나고 조건을 만족시키지 못하는 케이스에는 ×표시가 나타납니다.

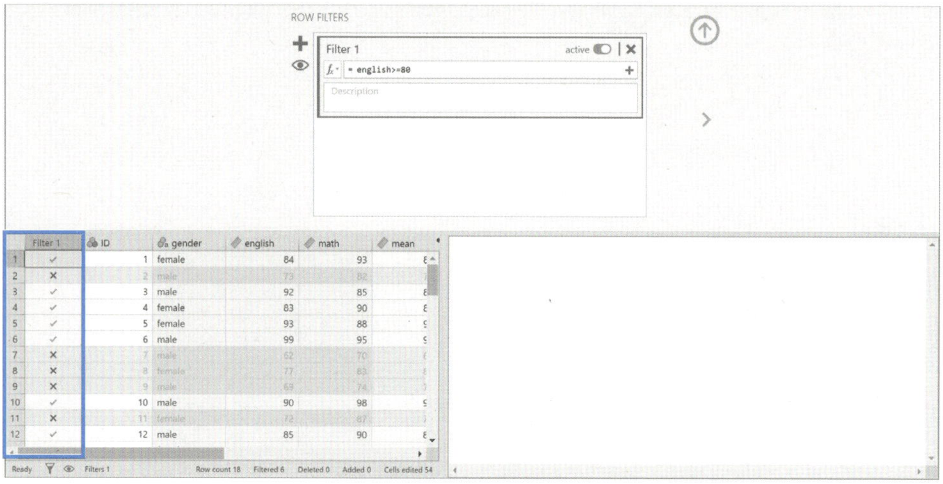

|그림 1-43| 필터링된 케이스 확인

(4) 조건을 추가할 때에는 ROW FILTERS에서 fx조건식 창의 오른쪽 끝에 있는 ❶ +를 누르면 아래에 입력창이 추가됩니다. ❷ 추가된 줄에 수식을 입력하면(수학도 80이상인 조건 추가) 두 번째 필터링에 해당하는 케이스에 ✓표시가 나타납니다.

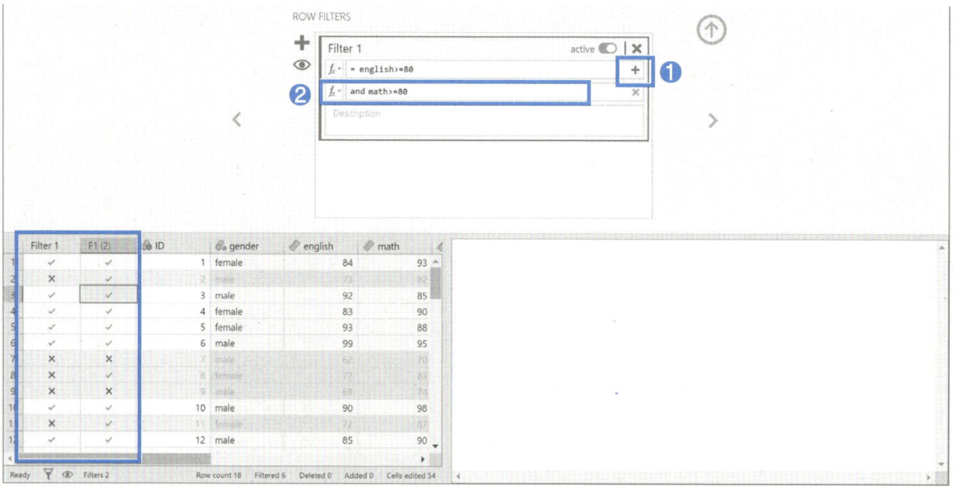

|그림 1-44| 필터링 조건 추가

CHAPTER 02

기초분석

CHAPTER 02

기초분석

Analyses - Exploration - Descriptives

개념

수집한 자료에 대한 기초적인 정보를 알 수 있는 분석 방법으로 빈도분석과 기술통계를 사용합니다. jamovi에서 빈도분석과 기술통계는 같은 메뉴에서 실행하고 있습니다. 빈도분석은 기본적으로 명목척도와 서열척도인 범주형 척도이어야 하고 기술통계분석은 연속형 척도이어야 실행할 수 있습니다.

빈도분석은 전체적인 분포의 양상과 각 범주에 속한 사례 수 등의 정보를 간단하게 정리하여 볼 수 있게 해줍니다. 기술통계는 평균과 표준편차, 백분율 등을 구할 수 있습니다. 이러한 분석 결과를 그래프로 나타내어 볼 수도 있습니다.

1. 빈도분석

▶ '시험점수.csv' 파일에서 남녀의 빈도와 퍼센트를 구하고 이를 나타내는 그래프를 그려봅시다.

(1) 빈도분석을 위해 Analyses - Exploration - Descriptives를 클릭합니다.

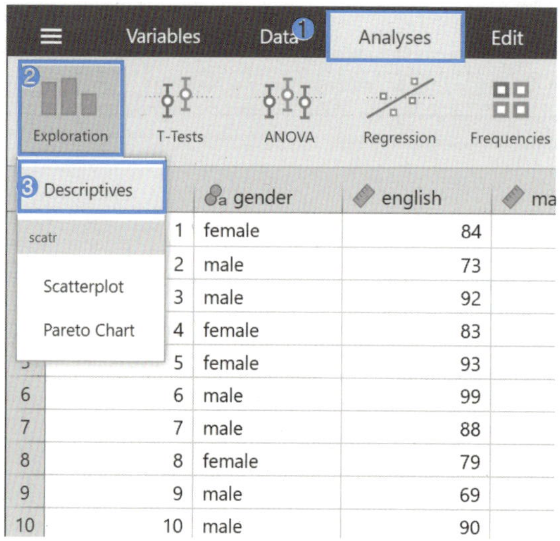

I 그림 2-1 I Descriptives 메뉴 실행

(2) 분석창이 나타나면 왼쪽의 변수들 중에서 빈도분석을 수행할 ❶ 'gender' 변수를 선택한 후 → 화살표 버튼을 눌러 오른쪽 창에 넣어줍니다. 분석할 변수를 마우스로 드래그하여 옮길 수도 있습니다. 아래쪽 ❷ Frequency tables에 체크합니다. 선택과 동시에 결과창에 빈도표가 출력됩니다.

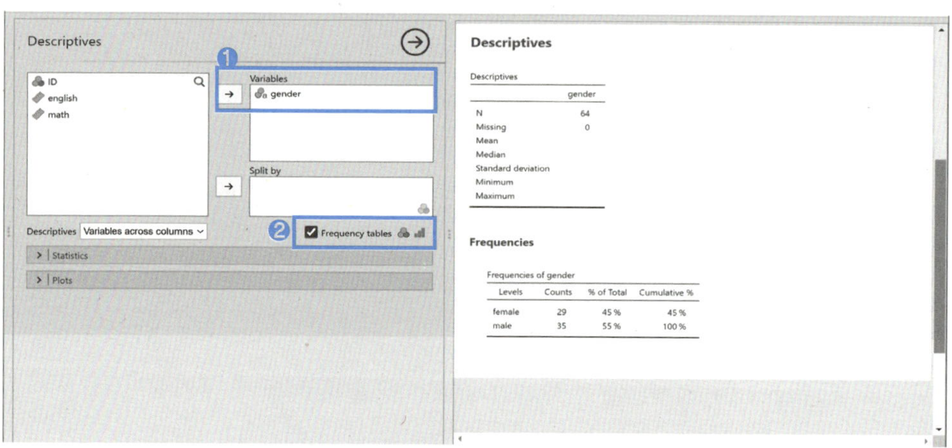

I 그림 2-2 I 빈도분석 창 입력 – 빈도 표 선택

(3) 이제 결과에 대한 막대도표를 그려볼까요? 아래 옵션 Plots에서 Bar plot을 선택합니다.

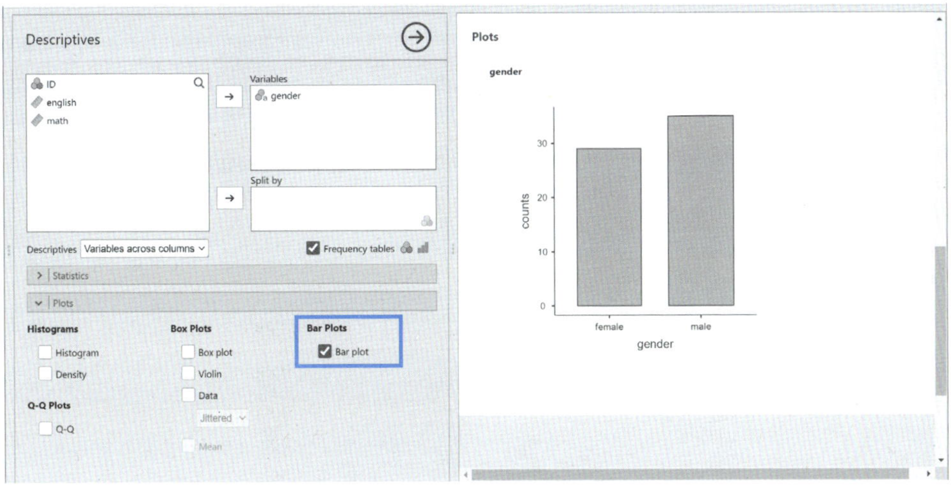

| 그림 2-3 | 막대도표 선택

막대 그래프를 통해 한눈에 여자보다 남자의 비율이 높은 것을 확인할 수 있습니다.

결과 제시

연구대상의 성별은 〈표 2-1〉과 같다.

〈표 2-1〉 연구대상 성별

구 분	빈도	퍼센트
여 자	29	45.3
남 자	35	54.7
합 계	64	100.0

연구 대상은 총 64명이고 여자가 29명으로 45.3%, 남자가 35명으로 54.7%이다.

Plus Tip

표에 관한 설명을 작성할 때는 jamovi의 EDIT 기능을 이용할 수도 있습니다. 다만, 작성 후 복사하여 붙여넣기를 하는 경우 Microsoft Word에서는 복사가 잘 되지만 한글프로그램에서는 붙여넣기를 하면 정렬이 잘 되지 않습니다. 한글을 이용할 경우에는 Word나 Excel 프로그램을 거친 후에 붙여넣기 하기를 권합니다.

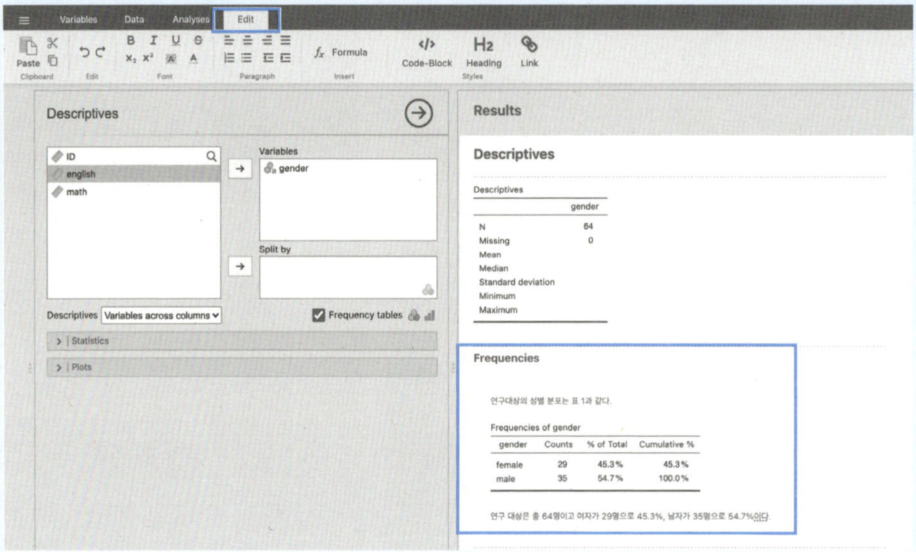

2. 기술통계

▶ 이번에는 영어 점수와 수학 점수의 평균과 표준편차를 구하고 히스토그램을 그려봅시다.

(1) 기술통계를 실행하기 위해 ❶ Analyses – ❷ Exploration – ❸ Descriptives를 선택합니다.

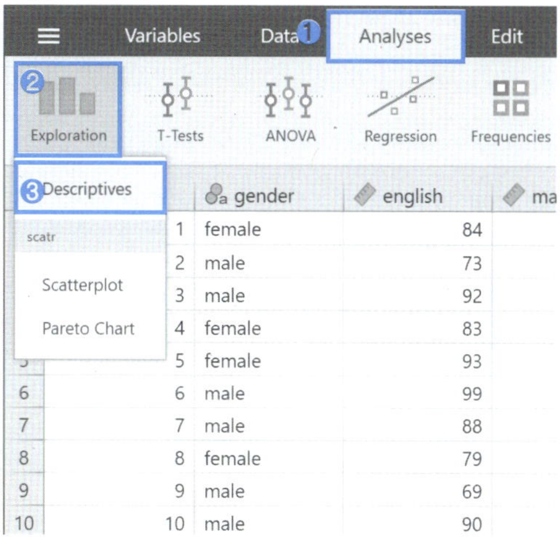

| 그림 2-4 | Descriptives 실행

(2) 분석창이 나타나면 Variables에 영어점수와 수학점수 변수인 english와 math를 선택하여 넣어줍니다. 빈도표는 필요하지 않으므로 Frequency tables는 체크하지 않아도 됩니다. jamovi에서 기본적으로 빈도 수, 결측 빈도 수, 평균, 중앙값, 표준편차, 최소값, 최대값이 선택되어 있어 결과창에서 바로 값이 출력됩니다.

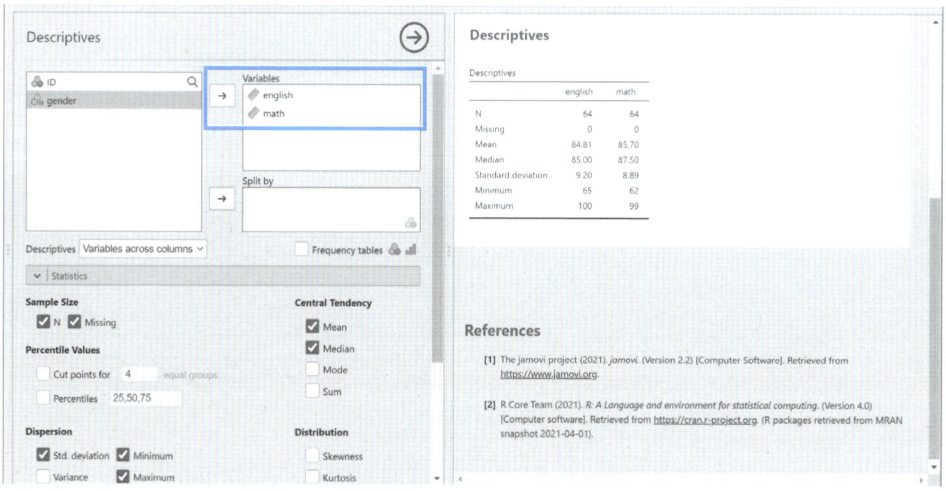

| 그림 2-5 | 기술통계 분석 창 입력

(3) 아래 Statistics에서 필요한 통계치에 추가로 체크할 수 있습니다.

- Sample Size 표본 크기
  - N 분석 사례 수
  - Missing 결측 사례 수
  - Percentile Values 사분편차
  - Cut points 절단점 : 자료를 원하는 백분위수에 맞는 값을 계산할 수 있음. 집단수를 사용자가 수정이 가능(기본 4로 입력되어 있음). 예를 들어, 5를 입력하면 20, 40, 60, 80 백분위 값을 출력함
  - Percentiles 사분위수 : 자료를 서열화했을 때 25, 50, 75%에 해당하는 값

- Dispersion 분산도
  - Std. deviation 표준편차 : 분산의 제곱근. 평균에서 각 변수값의 차이인 편차들의 평균
  - Variance 분산 : 각 변수와 평균의 차이를 제곱하여 더한 것을 총 사례수로 나눈 값
  - Range 범위 : 자료에서 최소값과 최소값의 차이
  - Minimum 최소값 : 가장 작은 값
  - Maximum 최대값 : 가장 큰 값
  - S.E. Mean 평균의 표준오차 : 표집분포의 표준편차로 표준편차를 제곱근 사례수로 나눈 값

- Central Tendency 중심경향
  - Mean 평균 : 전체 사례 값의 합을 사례수로 나눈 값
  - Median 중앙값 : 최소값부터 최대값까지 범위에서 중앙에 위치한 값
  - Mode 최빈값 : 가장 많은 빈도로 나타난 값
  - Sum 합 : 전체 합계 값

- Distribution 분포도
  - Skewness 왜도 : 정규분포를 기준으로 좌우로 어느 정도 편포되어 있는지를 나타내는 값
  - Kurtosis 첨도 : 정규분포를 기준으로 어느 정도로 뾰족하거나 편평한지를 나타내는 값

- Normality 정규분포성 검증
  - Shapiro-Wilk 데이터가 정규분포를 따르는가를 검증

- Mean disperison 평균분산
  - Std. error of Mean 평균의 표준 오차
  - Confidence interval for Mean 평균에 대한 신뢰 구간

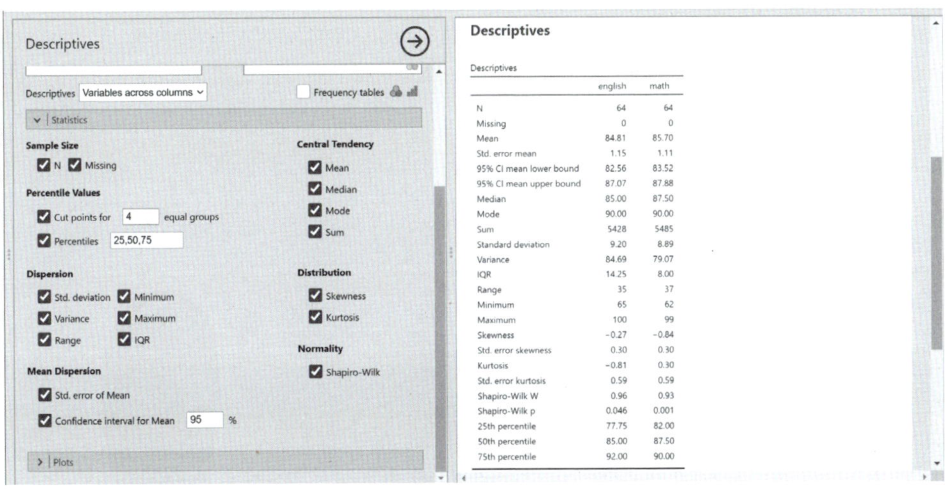

Descriptives

	english	math
N	64	64
Missing	0	0
Mean	84.81	85.70
Std. error mean	1.15	1.11
95% CI mean lower bound	82.56	83.52
95% CI mean upper bound	87.07	87.88
Median	85.00	87.50
Mode	90.00	90.00
Sum	5428	5485
Standard deviation	9.20	8.89
Variance	84.69	79.07
IQR	14.25	8.00
Range	35	37
Minimum	65	62
Maximum	100	99
Skewness	-0.27	-0.84
Std. error skewness	0.30	0.30
Kurtosis	-0.81	0.30
Std. error kurtosis	0.59	0.59
Shapiro-Wilk W	0.96	0.93
Shapiro-Wilk p	0.046	0.001
25th percentile	77.75	82.00
50th percentile	85.00	87.50
75th percentile	92.00	90.00

| 그림 2-6 | 기술통계 선택 메뉴

영어 점수의 평균은 84.81, 표준편차 9.20, 수학점수의 평균은 85.70, 표준편차 8.89이다. 영어 점수의 중앙값은 85.0, 수학 점수의 중앙값은 87.5이며 가장 많이 나온 점수인 최빈값은 영어, 수학 점수 모두 90.0이다. 영어 점수의 최소값은 65, 최대값은 100이며, 수학 점수의 최소값은 62, 최대값은 99이다.

(4) 이번에는 히스토그램을 그려봅시다. Plots에서 Histogram을 선택하고 연속선으로 함께 보려면 Density를 같이 선택합니다.

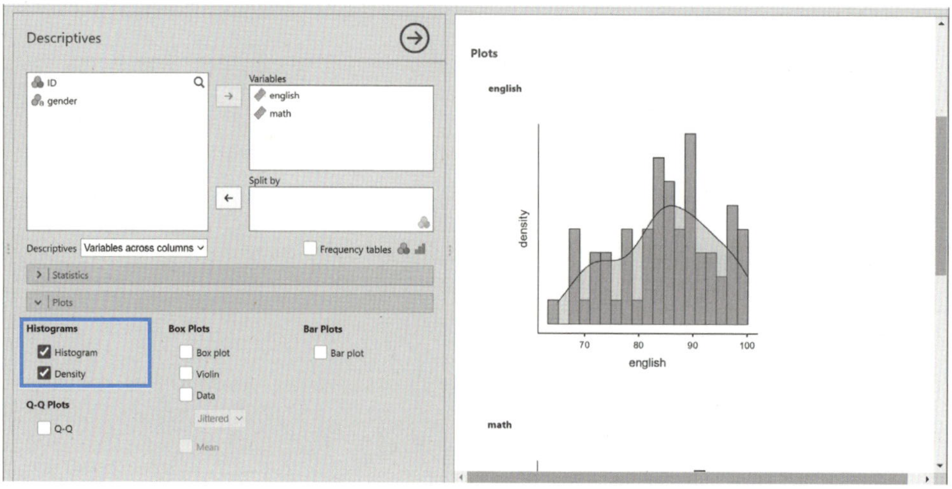

| 그림 2-7 | 히스토그램과 밀도선 선택

결과 제시

학생들의 영어와 수학 점수는 〈표 2-2〉와 같다.

〈표 2-2〉 영어, 수학 점수

구분	*M*	*SD*
영어	84.8	9.20
수학	85.7	8.89

영어 점수의 평균은 84.8(*SD*=9.20)이었으며, 수학 점수의 평균은 85.7(*SD*=8.89)로 나타났다.

03
CHAPTER

교차분석 (Cross-tabulation Analysis)

03 CHAPTER

교차분석(Cross-tabulation Analysis)

범주형 변수들 간의 연관성 알아보기

Analyses – Exploration – Independent Samples χ^2test of association

이 장에서 사용되는 데이터 파일 : 〈교차분석.csv〉, 〈Chapeck9.csv〉, 〈교차분석연습.csv〉

* Chapeck9.csv는 모듈추가창에서 lsj-data-learning statistics 모듈을 추가하면 파일 불러오기 메뉴에서 Data Library에서 찾을 수 있음

개념

교차분석은 두 변수의 빈도를 나타낸 교차표를 활용하여 범주형 변수의 연관성을 알아보고자 할 때 사용하는 분석방법입니다. 두 변수 간 교차빈도를 설명하는 교차표를 통해 기술통계분석이 가능하며, 두 변인 간 교차빈도에 대한 통계적 유의성을 χ^2 분포를 이용하여 검증할 수 있습니다. χ^2 교차분석은 실제로 나타난 관찰빈도와 이론적으로 기대되는 기대빈도 간에 얼마만큼의 차이가 있는지를 카이제곱분포를 참조하여 검증하는 것입니다.

교차분석을 할 때에는 2개 이상의 범주를 갖는 변수들의 연관성을 알아볼 수 있습니다. 즉, 변수는 명명척도나 서열척도인 범주형 자료이어야 합니다. 또한 교차분석 시 변수의 유목은 다른 유목과 독립적이어야 하며, 기대빈도가 5 미만인 셀이 전체 셀의 20%가 넘으면 안 됩니다.

jamovi로 쉽게 분석하기

건강을 위해 규칙적으로 운동을 하면 좋다는 건 누구나 알고 있을 것입니다. 하지만 실천하기는 쉽지 않죠. 성인 남녀를 대상으로 일주일에 몇 회 운동을 하고 있는지 조사한 결과입니다. 우리는 여기에서 성별과 운동 횟수의 연관성을 알아보고자 합니다.

	주 5회 이상	주 3~4회	주 1~2회	안 함	합계
남자	7	8	7	3	25
여자	3	4	11	7	25
합계	10	12	18	10	50

예제 성별과 운동 횟수가 연관성이 있는가?

예제 데이터 '교차분석.csv'를 불러옵니다.

회귀분석 예제 데이터는 50개 케이스로 구성되었고, 50명의 성별과 운동을 주 몇 회 하고 있는지에 대한 내용입니다. 'gender' 변수가 성별이고 'exercise'가 운동 횟수입니다.

1열 : ID

2열 : gender(성별)

3열 : exercise(운동 횟수)

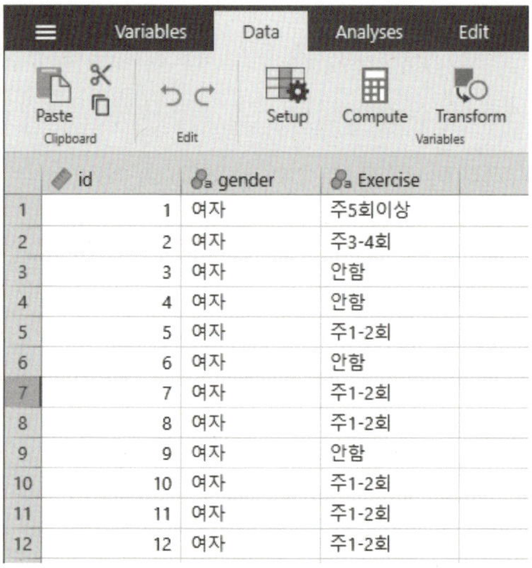

13	13	여자	주1-2회
14	14	여자	주5회이상
15	15	여자	안함
16	16	여자	안함
17	17	여자	주1-2회
18	18	여자	주1-2회
19	19	여자	주3-4회
20	20	여자	주5회이상
21	21	여자	주1-2회
22	22	여자	안함
23	23	여자	주3-4회
24	24	여자	주1-2회
25	25	여자	주3-4회
26	26	남자	주3-4회
27	27	남자	주1-2회
28	28	남자	주1-2회
29	29	남자	주3-4회
30	30	남자	안함
31	31	남자	주1-2회
32	32	남자	주3-4회
33	33	남자	주5회이상
34	34	남자	안함
35	35	남자	주1-2회
36	36	남자	안함
37	37	남자	주5회이상
38	38	남자	주3-4회
39	39	남자	주5회이상
40	40	남자	주1-2회
41	41	남자	주1-2회
42	42	남자	주5회이상
43	43	남자	주5회이상
44	44	남자	주3-4회
45	45	남자	주3-4회
46	46	남자	주1-2회
47	47	남자	주5회이상
48	48	남자	주5회이상
49	49	남자	주3-4회
50	50	남자	주3-4회

| 그림 3-1 | 예제 데이터

(1) 두 변수의 연관성을 알아보기 위한 교차분석을 위해 ❶ Analysis – ❷ Frequencies – ❸ Independent Samples χ^2 test of association을 선택합니다.

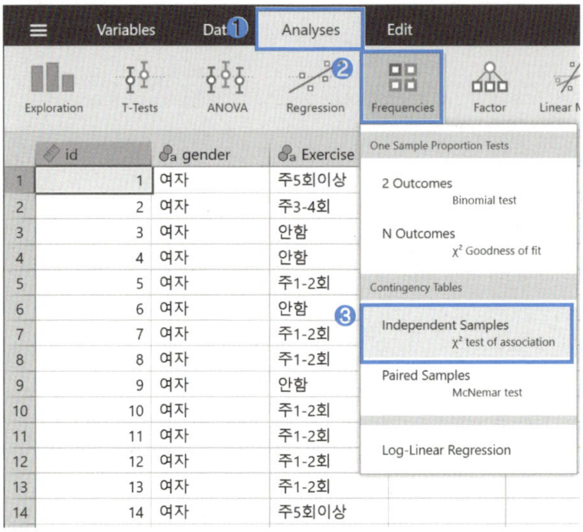

| 그림 3-2 | 교차분석 실행

(2) 분석창에서 'exercise' 변수를 Rows(행), 'gender' 변수를 Columns(열)에 넣어줍니다. 'gender' 변수를 Rows(행)에 넣고 'exercise' 변수를 Columns(열)에 넣어도 분석에는 영향을 미치지 않습니다.

> 다만, 경우에 따라서는 어느 한 변수가 독립변수가 되고 어느 한 변수가 종속변수가 되는 경우가 있습니다. 이를 혼동해서는 안 됩니다. 이 사례에서는 열에 들어간 gender 변수가 독립변수의 역할을 하게 됩니다. 즉, exercise 변수가 gender 변수에 영향을 줄 수는 없습니다. 따라서 백분율을 구할 때는 Column Percentages(열백분율)을 구해야 합니다.

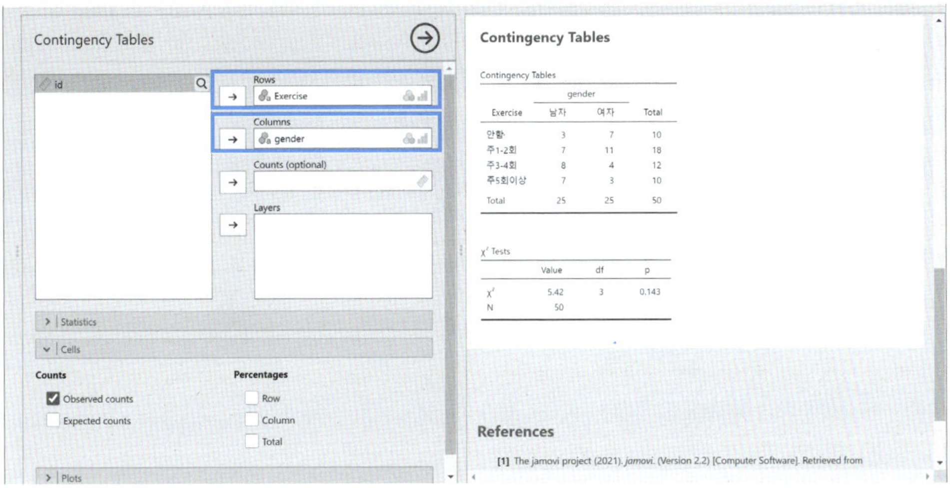

| 그림 3-3 | 교차분석창 변수 입력

(3) jamovi에는 Observed counts에 기본적으로 체크가 되어 있어 결과창에는 관찰빈도가 나와 있습니다. 기대빈도도 확인하기 위해 'Cells' 바를 클릭하여 ❶ Expected counts를 선택하면 기대빈도를 확인할 수 있습니다. 또한 백분율을 확인하기 위해 Percentages에서 ❷ Column에 체크합니다.

- Observed counts 실제 관찰된 사례의 빈도 수입니다.
- Expected counts 영가설이 성립될 때 얻어질 것이라고 기대되는 사례 수입니다. 기대빈도가 5 미만인 셀이 20%가 넘으면 교차분석을 할 수 없습니다. 결과창에서 관찰빈도 바로 아래에 나타납니다.
- Percentages Row, Column, Total 세 종류별로 퍼센트를 구할 수 있습니다. 보통은 두 변수 중에 독립변수에 해당하는 열의 퍼센트를 선택하여 봅니다.

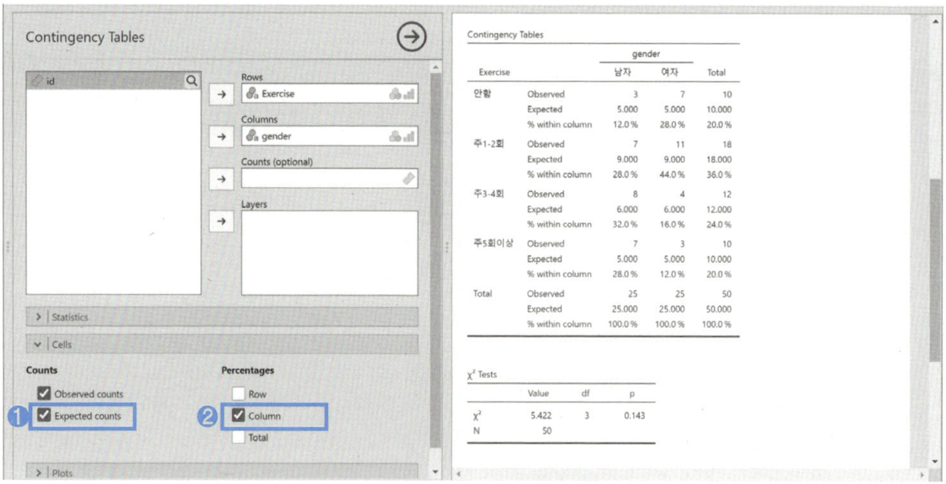

| 그림 3-4 | 기대빈도와 백분율 확인

결과창에 나타난 기대빈도를 살펴보면 모든 셀이 5 이상으로 나타났습니다. 백분율을 살펴보면, 남자의 경우 운동을 안 하는 사람이 3명으로 12.0%, 주 1~2회 하는 사람이 7명으로 28.0%, 주 3~4회 하는 사람이 8명으로 32.0%, 주 5회 이상 하는 사람이 7명으로 28.0%입니다. 여자의 경우는 운동을 안 한다고 응답한 사람이 7명으로 28.0%, 주 1~2회 하는 사람이 11명으로 44.0%, 주 3~4회 하는 사람이 4명으로 16.0%, 주 5회 이상 하는 사람이 3명으로 12.0%입니다.

χ^2 검정 결과, 유의수준이 0.143이므로 영가설을 기각하지 못하여 두 변수가 연관성이 없고 독립적이라고 볼 수 있습니다.

〈검정 통계 정리〉

영가설 H_0 : 성별과 운동 횟수는 서로 독립적이다.

대립가설 H_1 : 성별과 운동 횟수는 연관성이 있다.

검정통계량 χ^2값 5.42

p-value = 0.143 $>$.05

결정 : 성별과 운동 횟수는 서로 독립적이다. (성별에 따라 운동 횟수의 차이가 없다)

결과 보고하기

성별과 운동하는 횟수가 연관성이 있는지 알아보기 위해 성인 남녀 50명을 대상으로 분석한 결과는 〈표 3-1〉과 같다.

〈표 3-1〉 성별과 운동 횟수

단위 : 명(%)

	남자	여자	전체
주 5회 이상	7(28.0)	3(12.0)	10(20.0)
주 3~4회	8(32.0)	4(16.0)	12(24.0)
주 1~2회	7(28.0)	11(44.0)	18(36.0)
안 함	3(12.0)	7(28.0)	10(20.0)
합계	25(100.0)	25(100.0)	50(100.0)

χ^2=5.42(df=3, p=0.143)

성인 남자의 경우 주 3~4회 운동을 하고 있다고 응답한 사람이 8명으로 남자 응답자 중에서 32.0%를 차지하였다. 다음으로는 주 5회 이상과 주 1~2회 운동을 하고 있다고 응답한 사람들이 각각 7명(28.0%)이었으며, 아예 하지 않고 있는 사람은 3명(12.0%)으로 가장 적게 나타났다. 성인 여자의 경우 주 1~2회 운동을 하고 있다고 응답한 사람이 11명으로 여자 응답자 중 44.0%로 가장 높게 나타났다. 다음으로는 운동을 하지 않고 있다고 응답한 사람이 7명(28.0%)이었으며, 주 3~4회 하고 있다고 응답한 사람이 4명(16.0%), 주 5회 이상 하고 있다고 응답한 사람이 3명(12.0%)의 순으로 나타났다.

성별에 따라 운동을 하는 횟수에 유의한 차이가 있는지 알아보기 위해 χ^2검정을 실시한 결과 χ^2값은 5.42(p=0.143)로 유의수준 .05보다 높게 나타나 통계적으로 유의미한 차이가 없는 것으로 나타났다. 따라서 성별에 따라 운동을 하는 횟수에 차이가 없다고 볼 수 있다.

실습해 보세요

01 lsj데이터 중 'Chapek9' 데이터를 이용하여 교차분석을 실습해 봅시다. TV 프로그램에서 사람인지 로봇인지에 따라 선호하는 것이 다르다고 생각하고 이를 가려내기 위해 선호하는 것을 물어보았다고 합니다. 87개의 로봇과 93명의 사람이 Puppy(강아지), Flower(꽃), Data(데이터 파일) 중에서 무엇을 선택했는가에 대한 데이터입니다. 사람과 로봇 종별로 다른 선택을 했는지 알아보도록 할게요.

1) Open-Data Library-chapek9 파일을 클릭하여 데이터를 열어봅시다.

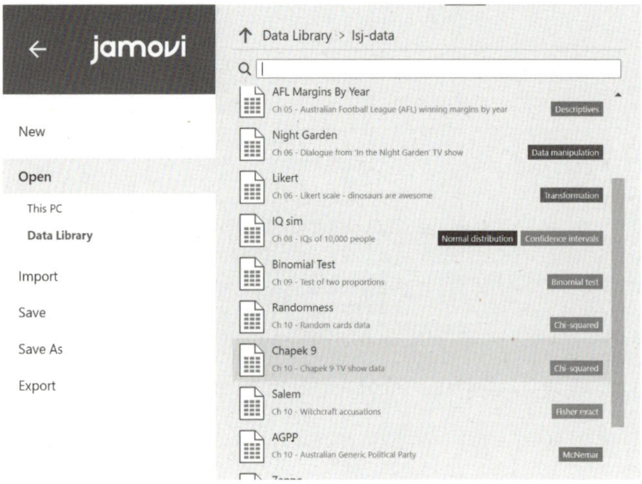

chapek9 데이터 열기

2) 교차분석을 위해 Analysis – Frequencies – Independent Samples χ^2 test of association을 선택합니다.

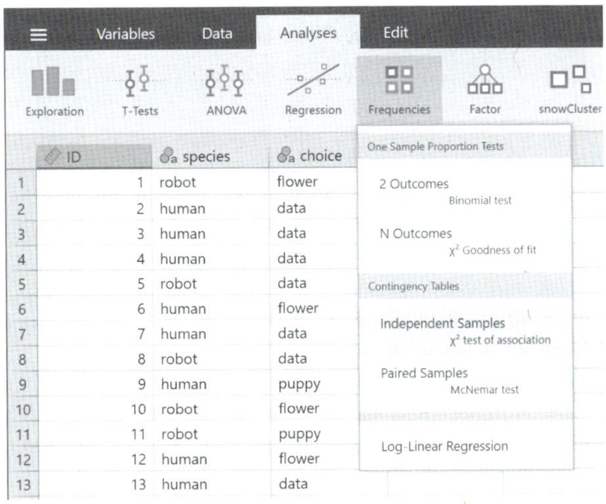

교차분석 실행

3) 로봇과 사람에 따라 어떤 선택을 했는지 보고자 하므로 분석창에 choice를 Rows에 넣고 species를 Columns에 넣어줍니다.

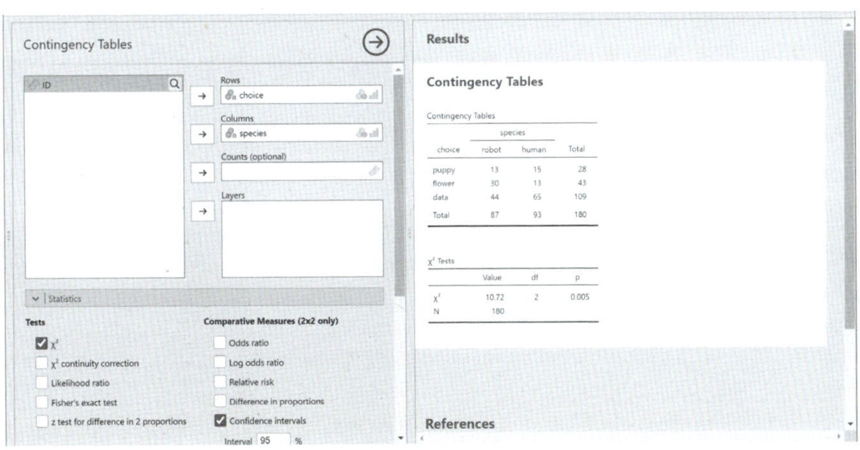

교차분석 창 입력

4) Cells에서 Expected(기대값)을 선택하여 각 관찰값에 대응되는 기대값과 퍼센트를 함께 확인해 봅시다.

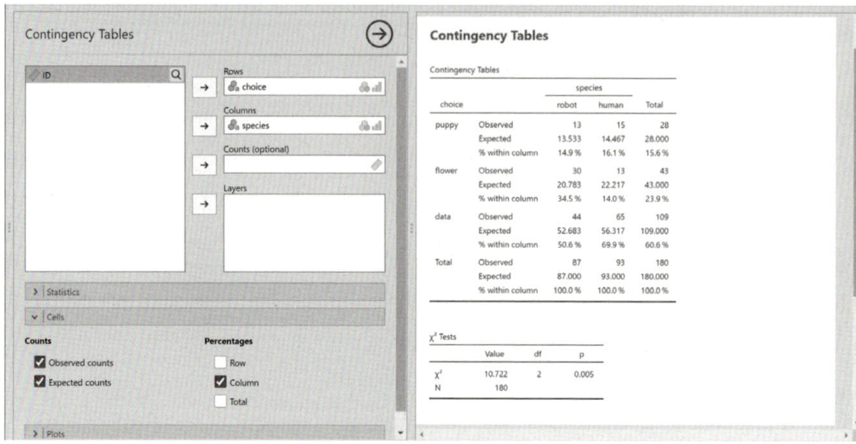

기대값 선택

전체 로봇 중에서 puppy를 선택한 로봇은 13대로 14.9%이며, flower를 선택한 로봇은 30대로 34.5%, data를 선택한 로봇은 44대로 50.6%입니다. 전체 사람 중에서 puppy를 선택한 사람은 15명으로 16.1%이며, flower를 선택한 사람은 13명으로 14.0%, data를 선택한 사람은 65명으로 69.9%입니다.

χ^2 통계값은 10.72(p=.005)로 유의수준 .05에서 유의미한 값이 나타났으므로 종(로봇과 사람)은 선호도와 연관성이 있다고 볼 수 있습니다.

연습문제

초등학교 3, 4학년 학생들의 학부모에게 디지털 교과서 활용에 대한 찬반 여부를 조사했습니다. 디지털 교과서 활용에 대한 학부모들의 의견이 자녀의 학년에 따라 차이가 있는지 알아보고자 합니다. 교차분석을 통해 유의미한 차이가 있는지 알아봅시다.

〈설문 내용〉

1. 자녀는 몇 학년입니까?
 ① 3학년　　② 4학년

2. 자녀가 학교에서 디지털 교과서로 공부하는 것에 대해 찬성하십니까?
 ① 찬성　　② 반대

〈데이터〉

	id	학년	찬반
1	1	3	찬성
2	2	3	찬성
3	3	3	반대
4	4	3	반대
5	5	3	반대
6	6	3	반대
7	7	3	반대
8	8	3	찬성
9	9	3	반대
10	10	3	반대
11	11	3	반대
12	12	3	찬성
13	13	3	반대
14	14	3	반대
15	15	3	반대
16	16	4	반대
17	17	4	찬성
18	18	4	찬성
19	19	4	찬성
20	20	4	찬성
21	21	4	반대
22	22	4	찬성
23	23	4	찬성
24	24	4	찬성
25	25	4	찬성
26	26	4	찬성
27	27	4	찬성
28	28	4	반대
29	29	4	찬성
30	30	4	찬성

04
CHAPTER

t검정 (t-test)

04 CHAPTER

t 검정(t-test)

두 집단의 평균 비교하기

Analyses - T-Tests

이 장에서 사용되는 데이터 파일 : 〈t검정.csv〉, 〈Zeppo.csv〉, 〈단일표본t검정연습.csv〉, 〈대응표본t검정연습.csv〉, 〈독립표본t검정연습.csv〉

* Zeppo.csv는 모듈추가창에서 lsj-data-learning statistics 모듈을 추가하면 파일 불러오기 메뉴의 Data Library에서 찾을 수 있음

개념

t검정은 두 집단 간 평균의 차이를 비교하는 방법입니다. 두 집단의 평균치가 동일한 모집단에서 추출되었는지 검정하는 것이죠. 이를 통해 두 집단 간에 차이가 유의미한지를 알 수 있겠죠. 예를 들면, 성별에 따른 언어 능력의 차이가 있는지 알아보고자 할 때 t 검정을 통해 남자와 여자 두 집단 간 차이가 있는지 분석할 수 있습니다.

t검정은 모집단의 분산이나 표준편차를 알지 못할 때 표본의 점수를 가지고 모집단의 모수치를 추측하는 방법이에요. t검정을 하기 위해서는 종속변수가 양적변수이어야 하고, 등분산 가정이 충족되어야 수행할 수 있습니다.

t검정은 세 가지가 종류가 있습니다.

첫째, 단일표본 t검정으로 한 집단의 평균과 특정한 값을 비교하는 경우입니다.

둘째, 대응표본 t검정으로 두 표본의 평균을 비교하는 경우입니다. 두 표본이 종속적인 경우로 보통 사전-사후 검정을 위해 사용해요.

셋째, 독립표본 t검정으로 두 표본의 평균을 비교하는 경우입니다.

jamovi에서 쉽게 분석하기

1. 단일표본 t검정

단일표본 t검정은 모집단에서 추출된 표본의 평균과 기준이 되는 특정한 수와 비교하는 방법입니다. 다음의 사례로 단일표본 t검정을 해봅시다.

한 대학교에서 학생의 정서 안정을 위한 힐링프로그램을 진행했습니다. 이 프로그램의 만족도 목표점수는 3입니다. 이 프로그램에 참여한 학생들에게 5점 만점인 만족도 조사를 한 후 만족도가 목표점수 3점 이상이 나오는지 알아보고자 합니다. 연구 대상 집단은 하나이고 목표점수가 설정되어 있기 때문에 단일표본 t검정을 실시할 수 있습니다.

	주 5회 이상	주 3~4회	주 1~2회	안 함	합계
남자	7	8	7	3	25
여자	3	4	11	7	25
합계	10	12	18	10	50

예제 대학생들의 힐링프로그램에 대한 만족도는 목표점수 이상인가?

예제 데이터 't 검정 예제.csv'를 불러옵니다.

데이터는 힐링프로그램을 시작하기 전, 참여한 30명의 학생들의 정서적 안정감 검사를 실시하여 사전 점수와 사후 점수를 모두 입력한 데이터입니다. 수강생은 30명이므로 1번부터 30번까지 30줄이 필요합니다.

첫 칼럼 ID는 수강생들의 일련번호, 두 번째 칼럼 'group'은 힐링프로그램을 두 가지 방법으로 진행하여 1은 온라인 힐링프로그램에 참여한 학생, 2는 오프라인 힐링프로그램에 참여한 학생들입니다. 세 번째 칼럼 'pre_stability'은 정서적 안정감 사전 검사 점수, 네 번째 칼럼 'post_stability'은 정서적 안정감 사후 검사 점수, 다섯 번째 칼럼 'satisfaction'은 힐링프로그램 만족도 점수입니다. 그림을 보고 jamovi에서 직접 데이터를 입력해 보아도 좋습니다.

1열 : ID

2열 : group(온라인참여=1, 오프라인참여=2)

3열 : pre_stability(정서적 안정감 사전 검사 점수)

4열 : post_stability(정서적 안정감 사후 검사 점수)

5열 : satisfaction(만족도 점수)

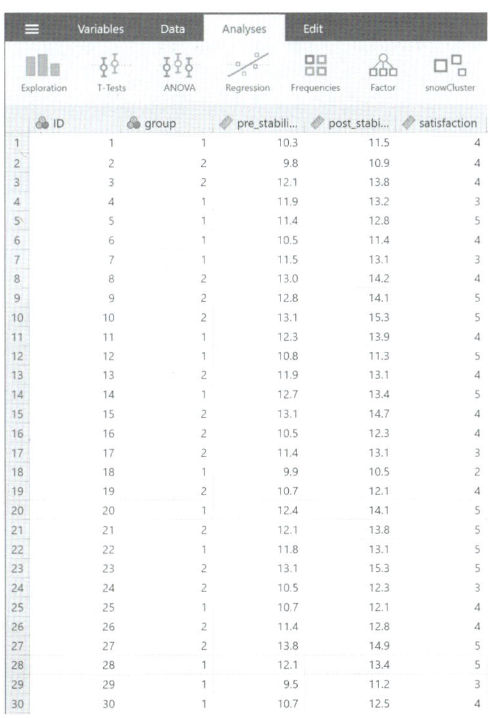

	ID	group	pre_stabili...	post_stabi...	satisfaction
1	1	1	10.3	11.5	4
2	2	2	9.8	10.9	4
3	3	2	12.1	13.8	4
4	4	1	11.9	13.2	3
5	5	1	11.4	12.8	5
6	6	1	10.5	11.4	4
7	7	1	11.5	13.1	3
8	8	2	13.0	14.2	4
9	9	2	12.8	14.1	5
10	10	2	13.1	15.3	5
11	11	1	12.3	13.9	4
12	12	1	10.8	11.3	5
13	13	2	11.9	13.1	4
14	14	1	12.7	13.4	5
15	15	2	13.1	14.7	4
16	16	2	10.5	12.3	4
17	17	2	11.4	13.1	3
18	18	1	9.9	10.5	2
19	19	2	10.7	12.1	4
20	20	1	12.4	14.1	5
21	21	2	12.1	13.8	5
22	22	1	11.8	13.1	5
23	23	2	13.1	15.3	5
24	24	2	10.5	12.3	3
25	25	1	10.7	12.1	4
26	26	2	11.4	12.8	4
27	27	2	13.8	14.9	5
28	28	1	12.1	13.4	5
29	29	1	9.5	11.2	3
30	30	1	10.7	12.5	4

| 그림 4-1 | t검정 데이터

(1) 데이터를 불러오면 각 변수들을 유형에 알맞게 설정해 줍니다.

이번에 분석에 사용할 'satisfaction' 변수는 연속형 변수이므로 상단의 ❶ Variable – ❷ 'satisfaction' 선택 – ❸ Edit를 클릭하거나 Data – 'satisfaction' 선택 – Setup 클릭 후 ❹ Measure type에서 Continuous로 변경합니다.

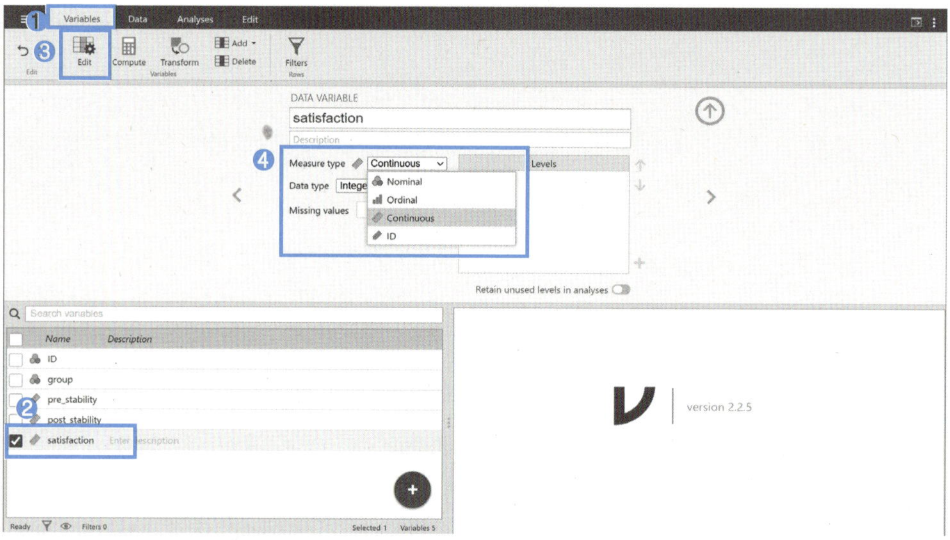

| 그림 4-2 | 변수 유형 설정

(2) 단일표본 *t* 검정을 실행하기 위해 ❶ Analyses – ❷ T-Tests – ❸ One Sample T-Test를 클릭합니다.

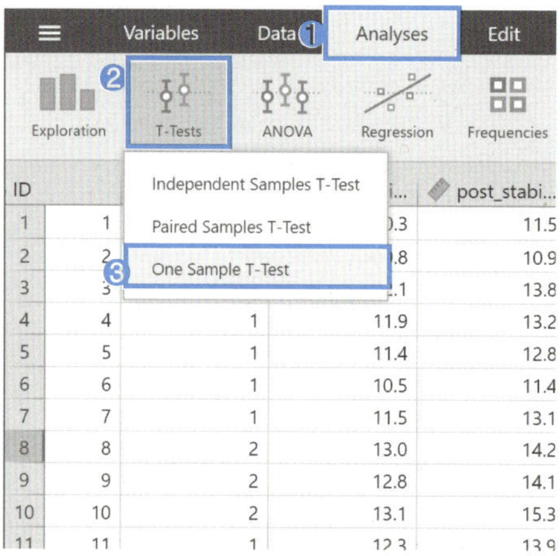

| 그림 4-3 | 단일표본 *t* 검정 실행

(3) 분석창이 나타나면 ❶ 'satisfaction(만족도)' 탭을 두 번 클릭하거나, 선택 후 가운데 화살표를 클릭하여 Dependent Variables(종속 변수)로 이동해 줍니다.
❷ 목표로 하고자 한 만족도 점수는 3점이므로, 학생들의 만족도 점수와 비교하기 위해 Hypothesis의 Test value에 '3'을 입력합니다.

- Test value 영가설의 값을 지정하는 칸으로, 선택한 변수의 평균과 비교할 점수입니다. 예제에서 영가설은 '학생들의 만족도 점수는 3점이다.'가 됩니다.

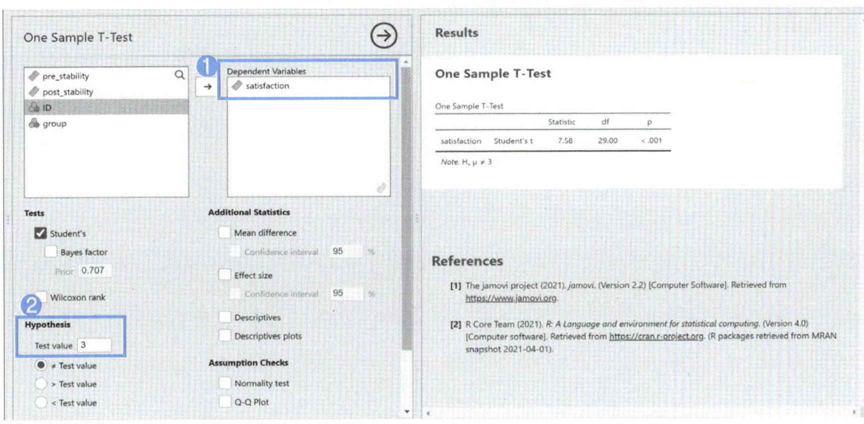

| 그림 4-4 | 단일표본 t검정 분석창 입력 – 변수, test value

먼저 결과창에 나타난 값을 볼까요? t값은 7.58, p값은 <.001로 나타나 유의수준 .05에서 영가설이 기각되었습니다. 따라서 학생들의 만족도 점수는 3점과 유의미한 차이가 있는 것으로 나타났습니다.

(4) 그리고 ❶ Mean difference(평균차)와 Confidence interval(신뢰 구간)에 체크하여 평균차와 신뢰 구간을 더 살펴보고, Effect size(효과 크기)와 Confidence interval (신뢰 구간)에 체크하여 차이에 대한 효과 크기와 신뢰 구간을 살펴보도록 하겠습니다.

- Effect size 효과 크기는 분석 결과의 강도를 말합니다. jamovi에서는 Cohen의 d값을 효과크기 값으로 제공해 줍니다. d값이 0.2 이하이면 작은 효과(small effect), 0.5 이하이면 중간 정도의 효과(moderate effect), 0.8 이상이면 큰 효과(large effect)라고 해석합니다.

- Confidence interval 평균 차이에 대한 신뢰구간으로 jamovi에서는 기본적으로 95% 신뢰구간으로 설정되어 있습니다. 변경하고 싶으면 사용자가 직접 입력도 가능하답니다.

❷ Additional Statistics(추가 통계량)에서 Descriptives(기술 통계)를 선택하여 평균과 표준편차 등을 함께 보도록 하겠습니다.

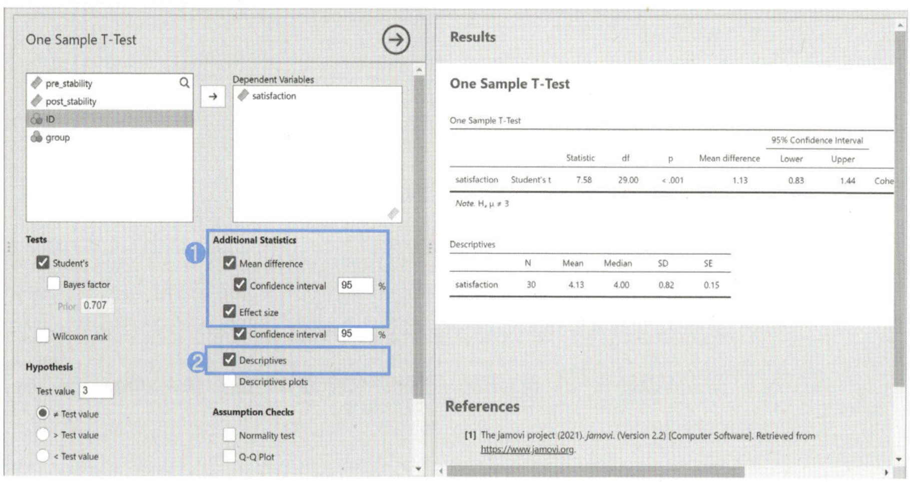

| 그림 4-5 | 단일표본 *t*검정 분석창 입력 – 평균차와 신뢰구간, 효과크기와 신뢰구간, 기술통계

기술통계 결과를 살펴보면 학생들의 만족도 점수의 평균은 4.13이고 표준편차는 0.82입니다. 목표로 했던 3점과 비교했을 때 평균차는 1.13이며 신뢰구간은 0.83~1.44로 신뢰구간에 0을 포함하지 않으므로 평균차가 통계적으로 유의미하다고 볼 수 있습니다. 효과크기는 1.38로 큰 효과크기를 나타내고 있습니다. 따라서 학생들의 만족도는 보통보다 높은 만족도가 나타났다고 볼 수 있습니다.

〈검정 통계 정리〉

영가설 H_0 : $\mu = 3$(정서안정을 위한 힐링프로그램 만족도는 보통(3점)이다.)
대립가설 H_1 : $\mu \neq 3$(정서안정을 위한 힐링프로그램 만족도는 보통(3점)과 다르다.)
검정통계량 t(df=29)=7.58
p-value = .001 < 0.05
결정 : 정서안정을 위한 힐링프로그램 만족도는 보통(3점)과 유의한 차이가 있다.

결과 보고하기

대학생들의 힐링프로그램에 대한 만족도가 어느 정도로 나타났는지 알아보기 위해 만족도 보통 점수인 3점과 비교하여 단일표본 *t* 검정을 실시하였다. 만족도 조사 결과는 〈표 4-1〉과 같다.

〈표 4-1〉 대학생들의 힐링프로그램 만족도에 대한 단일표본 *t* 검정 결과

N	*M*	*SD*	*Mean difference*	*95% Confidence Interval*		*Effect Size*	*t*	*p*
				Lower	*Upper*			
30	4.13	0.82	1.13	0.83	1.44	1.38	7.58	<.001

대학생들의 힐링프로그램 만족도의 평균은 4.13, 표준편차는 0.82이다. *t*값은 7.58로 유의수준 .05에서 유의한 차이가 있었으므로 만족도가 보통인 점수 3점과 통계적으로 유의미한 차이가 있는 것으로 나타났다($t(29)=7.58$, $p<.001$). 평균차는 1.13으로 신뢰구간은 0.83~1.44로 0을 포함하고 있지 않으며, 효과크기는 1.38로 큰 효과크기를 나타내고 있었다. 따라서 대학생들의 만족도는 보통보다 유의미하게 높은 정도이며, 힐링프로그램에 만족하는 것으로 볼 수 있다.

실습해 보세요

01 lsj데이터 중 'Zeppo' 데이터를 이용해 단일표본 t검정을 실습해 봅시다.

Zeppo 교수의 통계수업을 듣는 전체 학생들의 평균은 67.5, 표준편차는 9.5입니다. 수백 명의 학생들 중에서 20명은 심리학 수업을 듣습니다. 심리학 수업을 듣는 20명의 학생들이 다른 학생들보다 점수가 높거나 낮은지 확인해 보려고 합니다.

영가설에 대한 평균값 67.5을 입력하고 단일표본 t검정을 실습해 봅시다.

1) 먼저 데이터를 열어봅시다. Open-Data Library-Zeppo 파일을 클릭합니다.

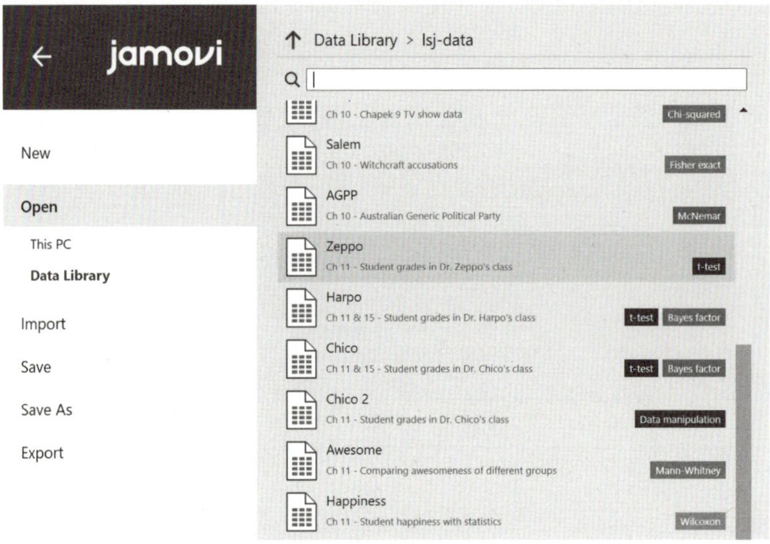

실습파일 Zeppo 열기

2) Analyses - T-Tests - One Sample T-Test를 클릭하여 단일표본 t검정을 위한 분석 창을 엽니다.

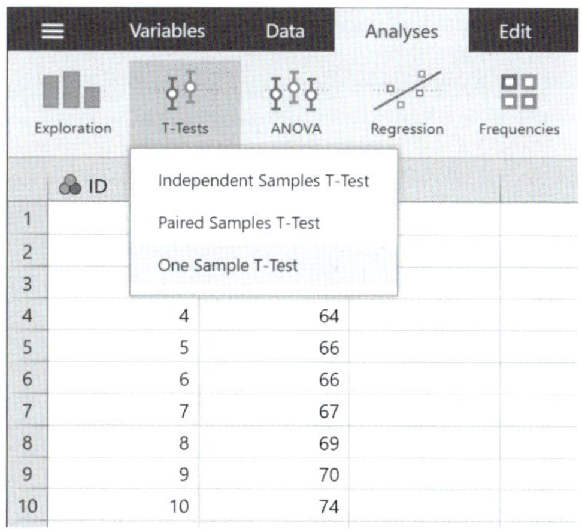

단일표본 t검정 실행

3) 데이터를 열면 학생들의 점수 칼럼인 x가 명목형 변수로 설정되어 있으므로 연속형 변수로 변경합니다.

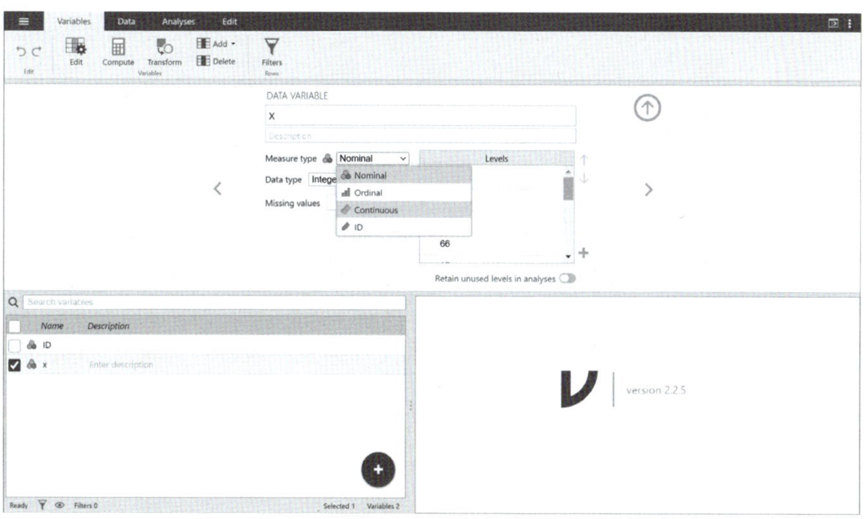

변수 유형 설정

4) 분석창에서 Test value에 전체 학생들의 평균인 67.5를 입력합니다. 그리고 평균차와 신뢰구간, 효과크기와 신뢰구간, 기술통계를 선택하여 결과를 살펴봅니다.

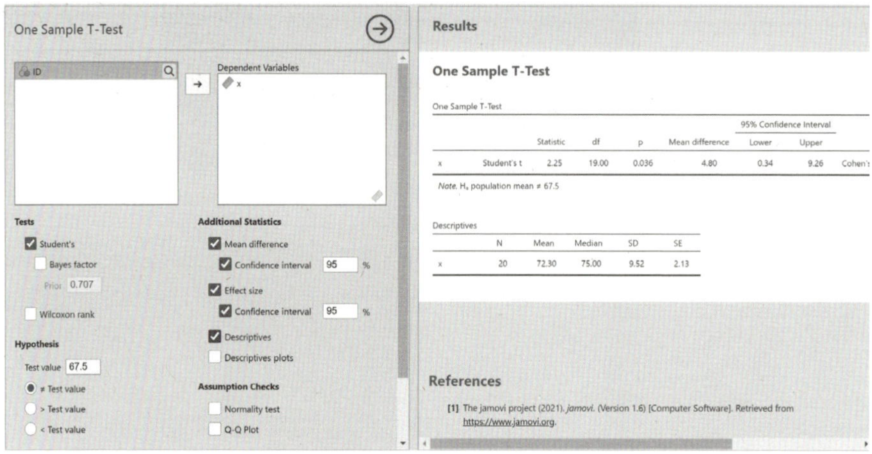

단일표본 *t* 검정 분석창 입력 실습 – test value, 평균차와 신뢰구간, 효과크기와 신뢰구간, 기술통계

결과를 살펴보면, 심리학 수업을 듣는 20명의 학생들의 평균은 72.30, 표준편차는 9.520이며, 전체 학생들의 평균과 비교했을 때 t값은 2.25, p값은 0.036으로 유의수준 .05보다 낮게 나타나 유의미한 차이가 있는 것으로 나타났습니다.

평균차는 4.800이며 신뢰구간은 0.34~9.26, 효과크기는 .50으로 중간 크기를 나타내고 있으며 신뢰구간은 0.03~0.96으로 둘 다 0을 포함하지 않고 있어 유의미한 차이가 있는 것으로 나타난 위의 결과와 동일한 결과로 볼 수 있습니다. 따라서 심리학 수업을 듣는 20명의 학생들은 전체 학생들의 평균보다 유의미하게 높은 점수를 받은 것으로 볼 수 있습니다.

연습문제

초등학교 3학년 한 학급 학생들의 키를 재었습니다. 이 학급 학생들의 키를 우리나라 초등학교 3학년 학생들의 평균 키와 비교해 보고자 합니다. 아래의 데이터는 3학년 한 학급 20명의 키에 대한 데이터입니다. 그리고 우리나라 초등학교 3학년 학생들의 평균 키는 134.5입니다. 이 평균 수치를 이용하여 우리반 학생들의 키와 전국 평균 수치를 비교해 보도록 합시다.

〈데이터〉

	id	height
1	1	125.6
2	2	135.1
3	3	138.4
4	4	129.8
5	5	127.7
6	6	132.3
7	7	131.5
8	8	130.5
9	9	128.8
10	10	134.1
11	11	129.3
12	12	134.5
13	13	136.1
14	14	130.4
15	15	131.5
16	16	132.8
17	17	136.5
18	18	135.8
19	19	137.8
20	20	132.3

2. 대응표본 *t* 검정

대응표본 *t* 검정은 두 집단이 독립적이지 않을 경우, 두 집단에 대한 차이를 알아보기 위해 사용합니다. 두 집단이 독립적이지 않다는 것은 표본의 모집단이 서로 관계가 있다는 것입니다. 예를 들어, 부부나 형제, 남매를 대상으로 한다면, 이들은 서로 관계를 가지고 있으며, 모집단 역시 관계가 있기 때문에 두 표본은 서로 종속적이라 볼 수 있습니다. 그리고 한 집단에게 실험을 처치한 경우, 사전검사자료와 사후검사자료는 동일한 연구대상에게 검사를 두 번 실시한 것이기 때문에 서로 종속되어 있다고 볼 수 있습니다. 그래서 이러한 경우 사전검사와 사후검사의 차이를 볼 때 대응표본 *t* 검정을 사용합니다. 이와 같이 대응표본 *t* 검정은 종속되어 있는 두 집단 간 평균에 차이가 있는지를 검정하는 것입니다.

힐링프로그램에 참여한 대학생들의 정서적 안정감이 높아지는지 알아보려고 합니다. 이를 위해 힐링프로그램을 시작하기 전에 정서적 안정감이 어느 정도인지 검사를 합니다. 그리고 힐링프로그램이 끝난 후 정서적 안정감 검사를 합니다. 만약 힐링프로그램이 참여했던 대학생들에게 효과가 있다면 정서적 안정감의 검사 점수가 프로그램 참여 전과 후에 유의미한 차이가 있을 것입니다. 이와 같이 실험 처치 전과 후의 수치가 차이가 있는지 알아보고자 할 때 대응표본 *t* 검정을 실시합니다. 대학생들이 힐링프로그램에 참여한 후 정서적 안정감에 변화가 있었는지 살펴볼까요?

예제 힐링프로그램은 대학생들의 정서적 안정감을 높이는 것에 효과가 있는가?

▶ 앞에서 실습했던 예제 데이터 't 검정.csv' 파일로 대응표본 t 검정을 실행해 보겠습니다.

1열 : ID

2열 : group(온라인참여=1, 오프라인참여=2)

3열 : pre_stability(정서적 안정감 사전 검사 점수)

4열 : post_stability(정서적 안정감 사후 검사 점수)

5열 : satisfaction(만족도 점수)

(1) 데이터를 불러오면 각 변수들을 유형에 알맞게 설정해 줍니다.
이번에 분석에 사용할 'pre_stability', 'post_stability', 'satisfaction' 변수는 연속형 변수이므로 상단의 ❶ Variable – ❷ 변수들 선택 – ❸ Edit를 클릭하거나 Data – 변수들 선택 – Setup 클릭 후 ❹ Measure type에서 Continuous로 변경합니다.

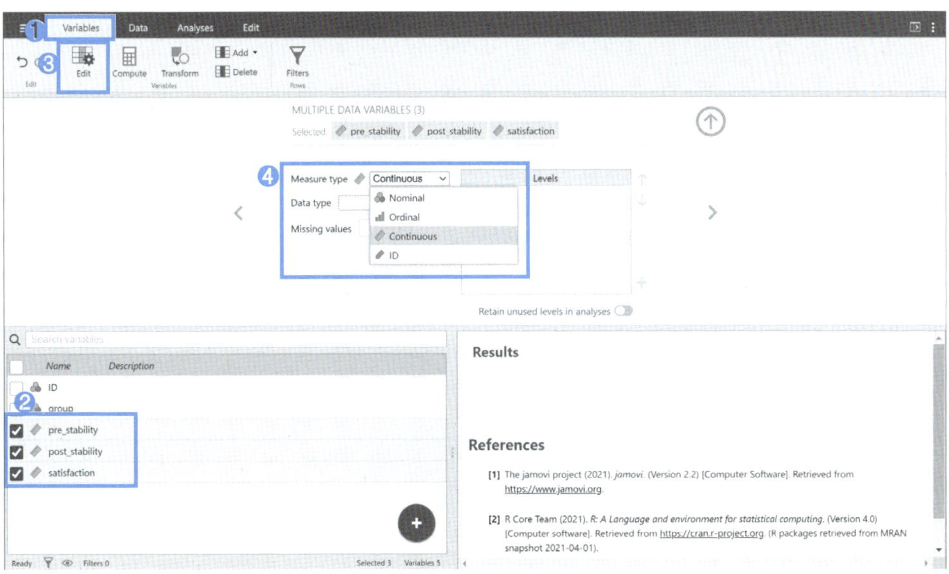

| 그림 4-6 | 변수 유형 설정

(2) 힐링프로그램이 정서적 안정감을 높이는 데에 효과가 있었는지 알아보기 위해 사전검사점수와 사후검사점수 간의 차이를 검정해 봐야 하겠죠? 대응표본 t 검정을 실행하기 위해 ❶ Analyses − ❷ T-Tests − ❸ Paired Samples T-Test를 클릭합니다.

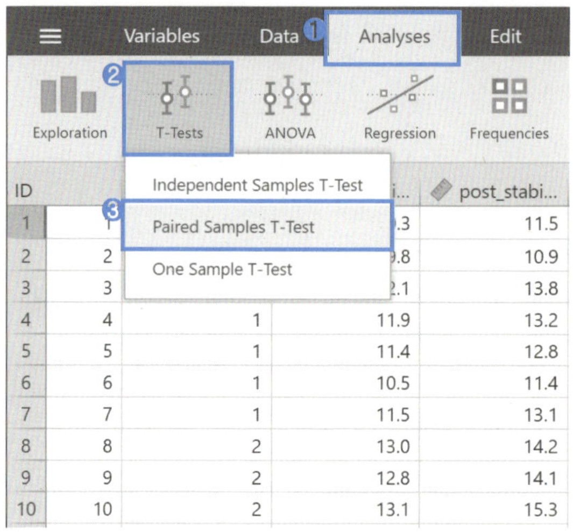

| 그림 4-7 | 대응표본 t 검정 실행

(3) 분석창이 나타나면 대응변수인 pre_stability(사전), post_stability(사후) 변수를 모두 선택하고, 화살표를 클릭하여 오른쪽 Paired Variables로 옮겨줍니다. 이동함과 동시에 오른쪽 결과창에 t값과 자유도(df), 유의확률(p)이 나옵니다.

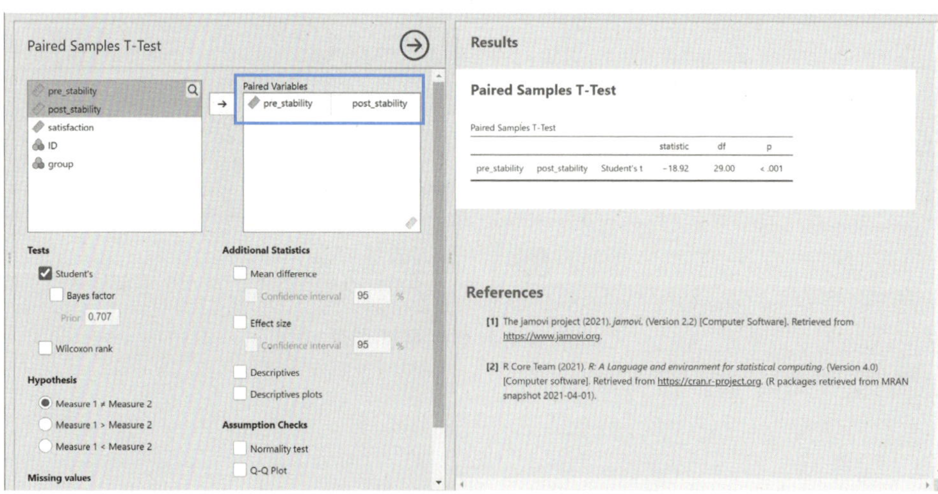

| 그림 4-8 | 대응표본 t 검정 분석창 입력

먼저 나타난 결과를 살펴보면 t값이 -18.92, 유의확률 p값이 <.001이므로 유의수준 .05에서 사전검사점수와 사후검사점수의 차이가 유의미한 것으로 나타났습니다. t값에서 양수 혹은 음수는 의미가 없으며 절대값을 생각하면 됩니다. t값의 절대값이 클수록 두 집단 간 차이가 크다고 볼 수 있겠죠.

(4) 대응 표본은 한 집단을 가지고 분석하기 때문에 등분산 검정은 필요 없지만 표본이 정규성을 가지는가를 검정해야 합니다. Assumption Checks에서 Normality test를 선택하여 정규성 검정을 실시해봅니다.

- Normality test 표본에서 얻어진 데이터 분포가 정규분포에 근사하고 있는가를 검정합니다. 여기에서 영가설은 표본의 분포와 정규분포가 동일하다는 것으로, 검정 결과 유의하지 않다면 표본의 분포가 정규분포와 유의하게 다르지 않으므로 정규분포와 근사하다고 볼 수 있습니다.

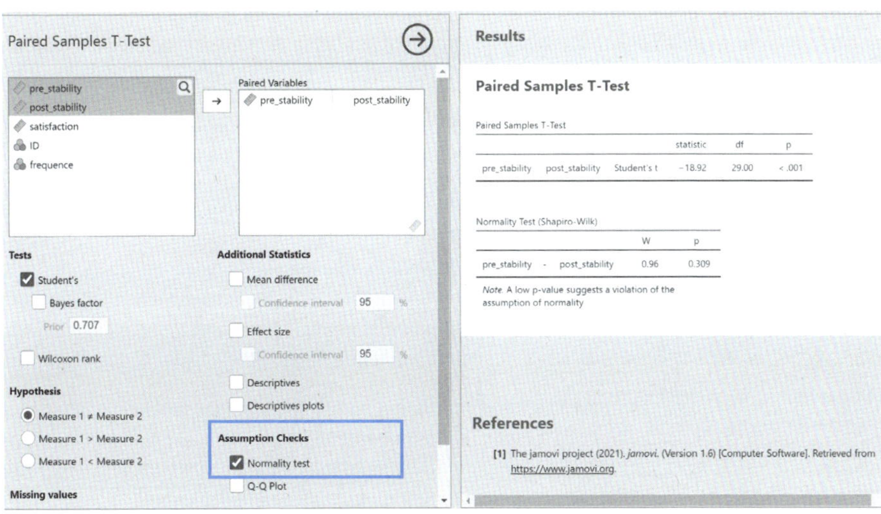

| 그림 4-9 | 대응표본 t 검정 분석창 입력 – 정규성 검정

정규성 검정 결과 Shapiro-Wilk 값이 0.96, p값이 0.309로 나타났습니다. 이 검정의 영가설은 모집단이 정규 분포를 따른다는 것입니다. 따라서 p값이 .05 이상이므로 영가설을 받아들여 표본이 정규성을 가진다고 볼 수 있습니다.

〈통계 검정 요약 (Shapiro-Wilk 정규성 검정)〉

영가설 H_0 : 차이점수(사전검사-사후검사)가 정규분포를 따른다.

대립가설 H_1 : 차이점수(사전검사-사후검사)가 정규분포를 따르지 않는다.

검정통계량 W=0.96

p-value = .309 > 0.05

결정 : 차이점수(사전검사-사후검사)가 정규분포를 따른다.

(5) 여기에서 추가로 다음의 옵션창에서 세부 옵션을 선택하여 지정할 수 있어요. 가장 기본적으로 Tests - Student's에만 체크가 되어 있는 상태입니다.

Additional Statistics에서 ❶ Mean difference(평균차)와 Confidence Interval(신뢰구간)에 체크하여 평균차와 신뢰 구간을 더 살펴보고, Effect size(효과 크기)도 체크하여 차이에 대한 효과 크기를 살펴보도록 하겠습니다.

❷ 차이뿐 아니라 각 집단의 평균과 표준편차 등의 기술통계량도 알아보기 위해 Descriptives와 Descriptives plots를 선택하여 살펴봅시다.

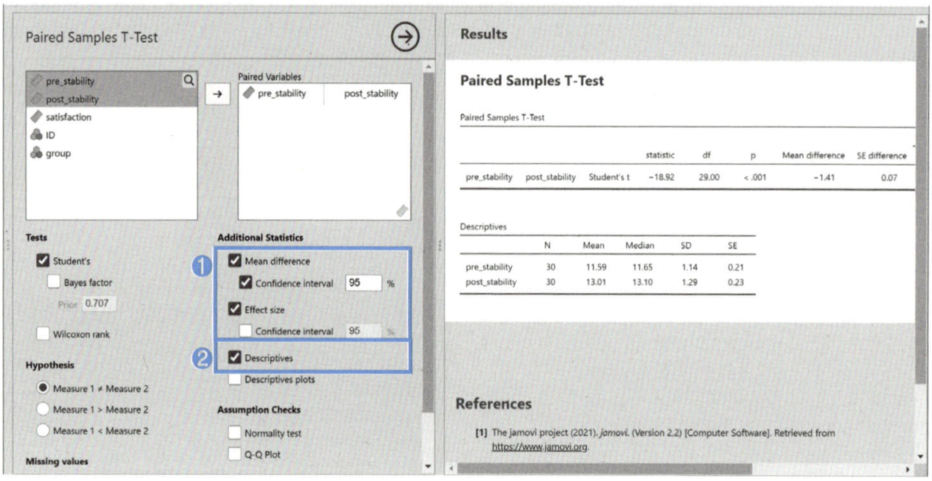

| 그림 4-10 | 대응표본 *t* 검정 분석창 입력 - 평균차, 효과크기, 기술통계

결과창에 처음 나타났던 표에 이어서 평균차와 차이에 대한 표준오차, 신뢰구간이 출력됩니다. 평균차는 -1.41이고 신뢰구간이 -.57~-1.26으로 신뢰구간 안에 0이 포함되어 있지 않으므로 유의미한 차이로 볼 수 있습니다.

효과크기는 -3.45로 나타나 큰 효과 크기를 나타내고 있으며, 신뢰구간은 -4.40~-2.50으로 0을 포함하고 있지 않으므로 유의미하다고 볼 수 있습니다.

따라서 정서적 안정감의 사전 점수와 사후 점수가 유의미한 차이가 나타났으므로 힐링프로그램을 통해 대학생들의 정서적 안정감이 높아졌다고 볼 수 있습니다.

앞에서 t값과 유의확률(t = -18.92, p<.001)을 확인했던 결과와 일치하는 결과이죠.

힐링프로그램에 참여한 대학생 30명의 정서적 안정감 사전 점수의 평균은 11.59, 표준편차가 1.14이었으며 사후 점수의 평균은 13.01, 표준편차는 1.29입니다.

〈통계 검정 요약 – 대응표본 t 검정〉

영가설 H_0 : 정서적 안정감 사전검사와 정서적 안정감 사후검사 간에는 차이가 없다.

대립가설 H_1 : 정서적 안정감 사전검사와 정서적 안정감 사후검사 간에는 차이가 있다.

검정통계량 t(df=29)=18.92

p-value = .001<0.05

결정 : 정서적 안정감 사전검사와 정서적 안정감 사후검사간에는 통계적으로 유의한 차이가 있다.

결과 보고

이제 분석 결과를 보고서 양식으로 써 봅시다.

힐링프로그램이 대학생들의 정서적 안정감을 높이는 데에 효과가 있는지 알아보기 위하여 사전검사와 사후검사에 대해 대응표본 *t* 검정을 실시한 결과는 〈표 4-2〉와 같다.

〈표 4-2〉 대학생들의 정서적 안정감에 대한 힐링프로그램의 효과

	N	사전		사후		*Mean difference*	*95% Confidence Interval*		*effect size*	*t*	*p*
		M	*SD*	*M*	*SD*		*Lower*	*Upper*			
정서적 안정감	30	11.6	1.14	13.0	1.29	-1.41	-1.57	-1.26	-3.45	18.9	<.001

정서적 안정감의 사전검사점수 평균은 11.6(*SD*=1.14)이며 사후검사점수의 평균은 13.0(*SD*=1.29)이었다. 사전검사와 사후검사점수의 차이에 대한 통계적 유의성을 검정한 결과 t값은 18.9이었으며 유의수준 .05에서 정서적 안정감의 사전검사점수와 사후검사점수에 차이가 있는 것으로 나타났다. 평균차는 -1.41, 신뢰구간은 -1.57~-1.26으로 0을 포함하고 있지 않으며, 효과크기는 -3.45로 큰 효과크기를 나타내고 있었다. 따라서 힐링프로그램이 대학생들의 정서적 안정감을 높이는 데에 효과가 있다고 볼 수 있다.

실습해 보세요

01 lsj 데이터 중 'Chico' 데이터를 이용하여 대응표본 *t* 검정을 실습해 봅시다.

Chico교수는 자신의 수업이 어렵기 때문에 학생들이 1차 시험을 보고 더 열심히 공부하게 하고 싶었습니다. 그래서 학기 초에 1차 시험을 보고 학기 말에 2차 시험을 계획했습니다. 그래서 학생들이 열심히 노력하여 2차 시험은 더 잘 볼 것이라 생각했습니다. 과연 Chico의 생각이 맞았는지 학생들의 1차 시험 점수와 2차 시험 점수를 비교해 봅시다.

1) Open-Data Library-'Chico'를 클릭하여 데이터를 불러줍니다.

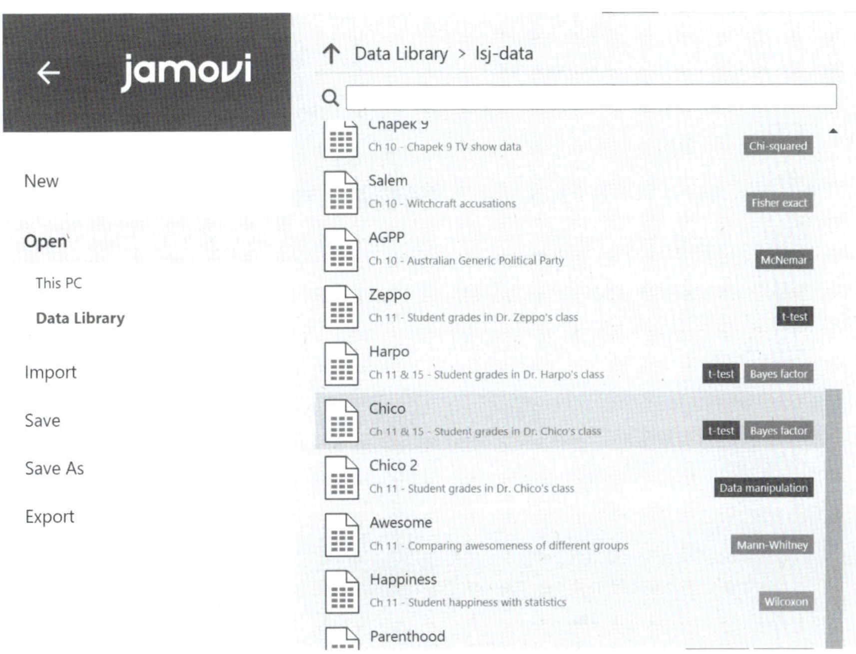

Chico 데이터 열기

2) 학생들의 1차와 2차 점수를 비교하기 위해 Analyses – T-Tests – Paired Samples T-Test를 클릭하여 대응표본 *t*검정을 실행합니다.

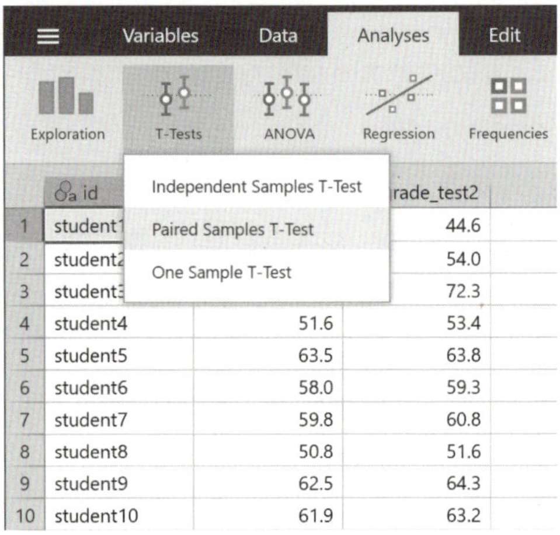

대응표본 *t*검정 실행

3) 'grade_test1' 변수와 'grade_test2' 변수를 함께 'Paired Variables(대응변수)' 창에 넣어줍니다. 'Mean difference(평균차)'와 'Confidence interval(신뢰구간)', 'Effect size(효과크기)'와 'Confidence interval(신뢰구간)', 'Descriptives(기술통계)', 'Normality test(정규성 검정)'을 선택하여 결과를 살펴봅시다.

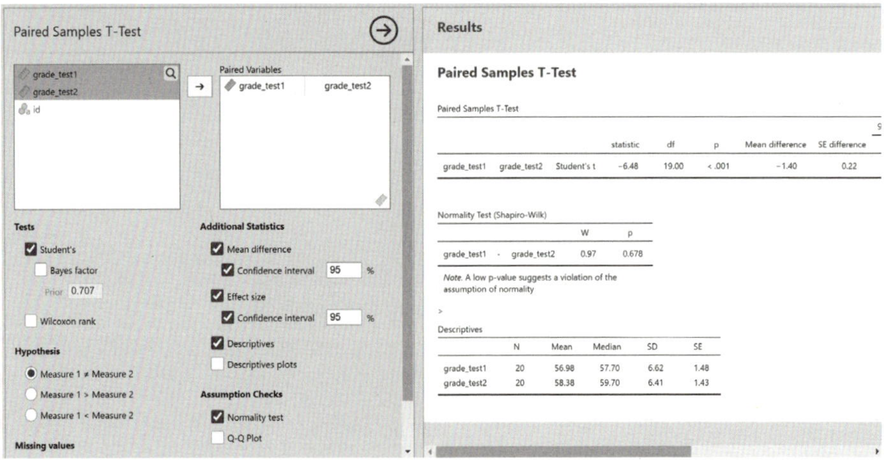

대응표본 *t*검정 분석창 입력 – 평균차와 신뢰구간, 효과크기와 신뢰구간, 기술통계, 정규성 검정

먼저 정규성 검정 결과 p값이 0.678로, .05보다 크기 때문에 영가설을 받아들여 정규성이 있는 것으로 나타났습니다. 기술통계 결과를 살펴보면, 1차 시험 점수의 평균은 56.98 (SD=6.62), 2차 시험 점수의 평균은 58.38(SD=6.41)입니다.

1차 시험 점수와 2차 시험 점수 간 차이에 대한 t값은 -6.48로 나타났으며 .05에서 유의한 차이가 있으며, 평균차는 -1.40, 신뢰구간은 -1.86~-0.95로 나타나 0을 포함하지 않으므로 유의미한 차이가 있는 것으로 나타났습니다. 효과크기는 -1.450이며 신뢰구간은 -2.07~-0.81로 0을 포함하지 않으며 효과크기 또한 큰 효과크기로 나타났습니다.

따라서 1차 시험 점수와 2차 시험 점수는 유의미한 차이가 있다고 볼 수 있습니다. Chico 교수의 생각대로 학생들이 1차 시험을 보고 수업을 열심히 듣게 되어 2차 시험에서 좋은 결과를 얻은 것으로 볼 수 있겠습니다.

연습문제

유치원 만 5세 학급에서 1년간 협력적인 게임활동을 실시하여 유아들의 자기조절력 향상에 도움이 되었는지 알아보고자 합니다. 데이터는 만 5세 학급 유아 20명에 대한 자기조절력 검사도구 중 일부 문항에 대한 검사 결과이며, 활동을 실시하기 전에 담임 교사가 유아들의 자기조절력 평정을 하고 활동이 끝난 후에 다시 평정한 것입니다. 협력적인 게임활동이 유아들의 자기조절력을 향상시키는 데에 도움이 되었는지 알아보기 위해 대응표본 t검정을 실시해 봅시다.

〈자기조절력 검사〉

번호	문항내용	전혀 그렇지 않다	그렇지 않은 편이다	보통이다	그런 편이다	매우 그렇다
1	자신이 알고 있는 것과 알지 못하는 것을 구별하여 잘 표현한다.					
2	자신이 할 수 있는 것과 할 수 없는 것을 구별하여 언어로 표현한다.					
3	자신의 행동에 대한 결과를 예측하며 행동한다.					
4	놀이나 활동을 시작하기 전에 무엇을 먼저 할 것인지 스스로 계획하고 결정하며, 자발적으로 행동한다.					

〈데이터〉

	A	pre_reg1	pre_reg2	pre_reg3	pre_reg4	post_reg1	post_reg2	post_reg3	post_reg4
1	1	4	5	3	4	4	5	4	5
2	2	3	4	3	3	4	4	3	4
3	3	4	4	3	2	5	4	5	4
4	4	3	4	3	2	4	4	4	3
5	5	2	3	2	2	3	4	3	4
6	6	3	2	2	3	3	3	3	4
7	7	4	4	5	4	5	5	5	4
8	8	3	4	3	4	5	6	5	4
9	9	2	3	3	4	3	4	3	3
10	10	4	3	4	5	4	4	4	5
11	11	3	4	3	3	4	4	3	3
12	12	5	4	3	4	4	4	4	4
13	13	3	4	3	2	4	4	4	3
14	14	4	4	4	5	5	4	5	5
15	15	5	4	4	3	5	4	4	4
16	16	4	4	3	2	5	5	4	4
17	17	3	4	3	3	3	5	4	3
18	18	2	3	3	3	3	4	3	4
19	19	4	4	3	3	4	5	4	3
20	20	4	4	3	2	5	4	5	3

3. 독립표본 *t* 검정

독립표본 *t* 검정은 두 개의 표본이 상호 독립적인 경우 두 집단 간 종속변수에 차이가 있는지를 알아볼 때 사용합니다. 독립적이라는 것은 하나의 케이스 선택이 다른 케이스 선택에 영향을 미치지 않는 것입니다. 독립변수는 다음의 예제처럼 두 개의 집단으로 구성되어 있어야 합니다.

힐링프로그램이 대학생들의 정서적 안정감을 높이는 데에 효과가 있다는 것을 앞에서 확인했습니다. 이번에는 힐링프로그램이 온라인과 오프라인으로 실시한 경우 정서적 안정감을 높이는 정도에 차이가 있는지를 알아보려고 합니다. 프로그램의 종류에 따라 힐링프로그램의 효과에서 차이가 있는지를 알아보기 위해서는 독립표본 *t* 검정을 실시합니다.

예제 힐링프로그램이 정서적 안정감을 높이는 효과에서 프로그램 종류(온라인, 오프라인)에 따른 차이가 있는가?

▶ 앞에서 실습했던 예제 데이터 '*t* 검정.csv' 파일로 독립표본 *t* 검정을 실행해 보겠습니다.

예제 데이터의 'group' 변수에서 1은 온라인 프로그램, 2는 오프라인 프로그램에 참여한 집단입니다.

1열 : ID

2열 : group(온라인참여=1, 오프라인참여=2)

3열 : pre_stability(정서적 안정감 사전 검사 점수)

4열 : post_stability(정서적 안정감 사후 검사 점수)

5열 : satisfaction(만족도 점수)

(1) 데이터를 불러오면 각 변수들을 유형에 알맞게 설정해 줍니다.

이번에 분석에 사용할 'pre_stability', 'post_stability', 'satisfaction' 변수는 연속형 변수이므로 상단의 ❶ Variable – ❷ 변수들 선택 – ❸ Edit를 클릭하거나 Data – 변수들 선택 – Setup 클릭 후 ❹ Measure type에서 Continuous로 변경합니다.

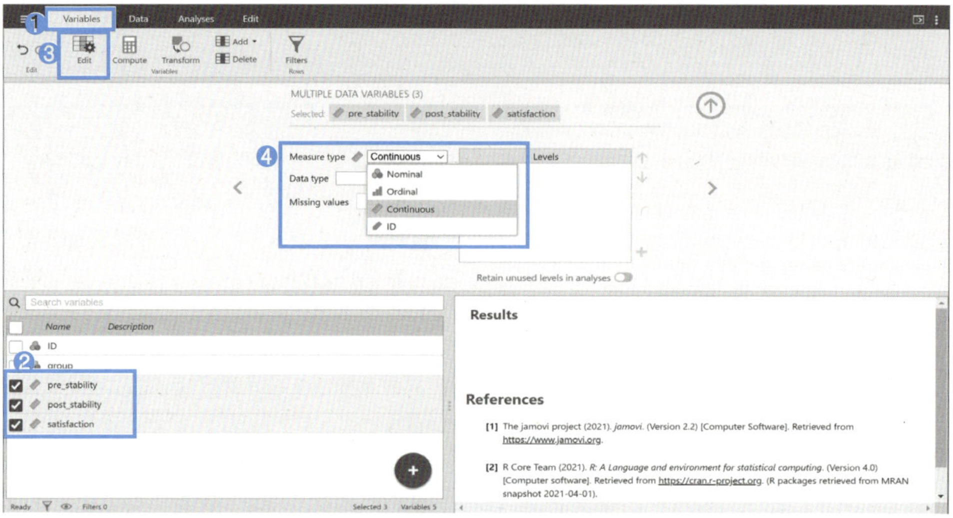

| 그림 4-11 | 변수 유형 설정

(2) 독립표본 t검정을 하기 위해 ❶ Analyses – ❷ T-Tests – ❸ Independent Samples T-Tests를 선택합니다.

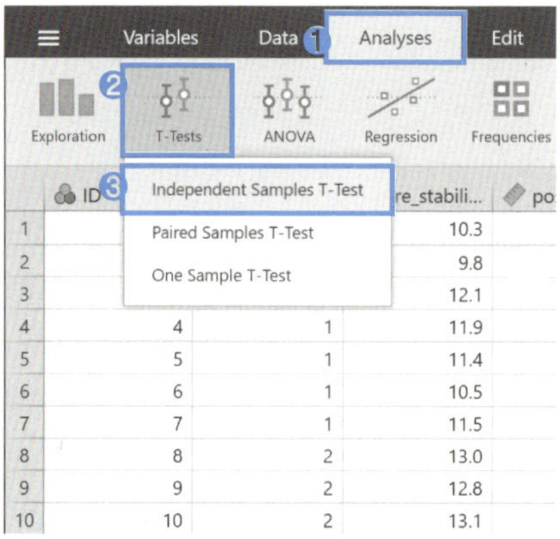

| 그림 4-12 | 독립표본 t검정 실행

(3) 분석창이 나타나면 ❶ 'pre_stability'(사전), 'post_stability'(사후) 변수를 두 번 클릭하거나, 선택 후 화살표를 클릭하여 오른쪽 Dependent Variables(종속 변수)로 옮겨줍니다.

❷ 그리고 우리는 프로그램 종류에 따라 정서적 안정감에 차이가 있는지를 보아야 하므로 Grouping Variables에 'group'을 넣어줍니다. 이동함과 동시에 오른쪽 결과창에 t값과 자유도(*df*), 유의확률(*p*)이 출력됩니다.

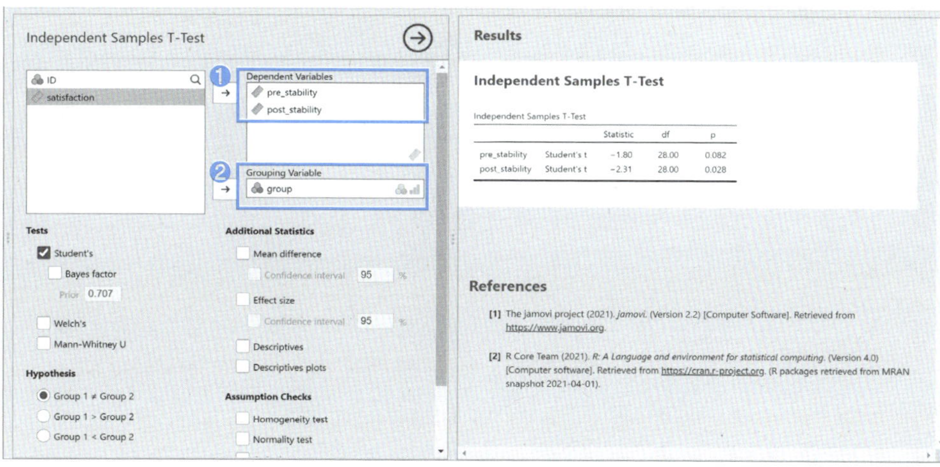

| 그림 4-13 | 독립표본 *t* 검정 분석창 입력

바로 나타난 결과를 살펴볼게요. 사전점수의 프로그램 종류에 따른 차이는 t값이 -1.80, p값은 .082로 유의미한 차이가 아닌 것으로 나타났죠. 즉, 힐링프로그램을 처음 시작할 때 프로그램에 따른 차이는 유의미하지 않아 두 집단 모두 비슷한 정도의 정서적 안정감을 가지고 있다고 볼 수 있겠지요.

하지만 사후점수의 프로그램 종류에 따른 차이는 t값이 -2.31, p값은 .0028로, 유의수준 .05에서 유의미한 차이가 있는 것으로 나타났습니다.

(4) 사실 결과를 살펴보기 전에 먼저 표본이 정규성을 가지는가를 검정해야 합니다. ❶ Assumption Checks에서 Normality test를 선택하여 정규성 검정을 실시해 봅니다. 또한 독립표본 집단은 등분산을 기본 가정으로 하기 때문에 두 집단의 분산이 동일한지 확인하는 과정이 필요합니다. 두 집단의 분산이 차이가 없다는 영가설을

검정하기 위해 Levene's 등분산 검정을 실시합니다. ❷ Assumption Checks에서 Homogeneity test를 선택합니다. p값이 .05보다 작으면 분산의 동질성에 위배됩니다.

- Homogeneity test 종속변수의 분산이 예측변수의 변화에 따라 일정해야 하므로 집단의 분산이 동일하다는 가정을 충족해야 합니다. Levene's 검정은 집단이 분산이 동일하다는 것을 영가설로 하여 분석합니다. 결과창에서는 F값으로 표시됩니다.

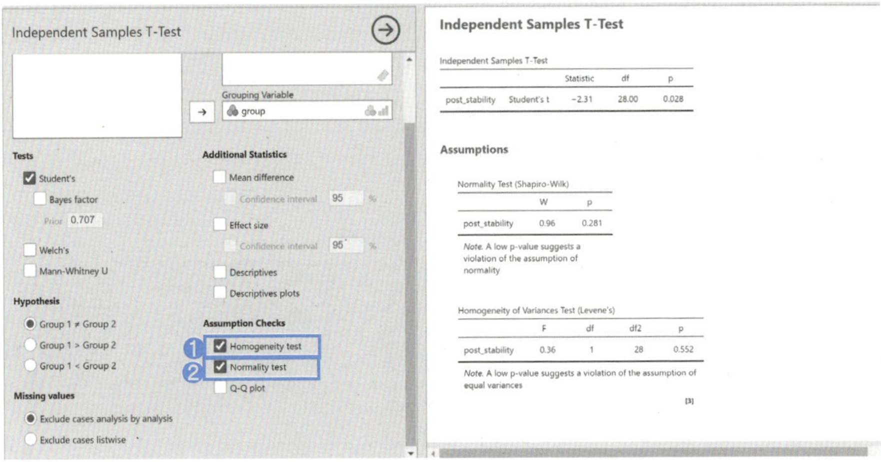

| 그림 4-14 | 독립표본 *t* 검정 분석창 입력 – 등분산, 정규성 검정

정규성 검정 정규성 검정 결과, 사후 검사 점수의 Shapiro-Wilk값은 0.96, p는 0.281로 나타나 정규성 조건이 충족되었음을 알 수 있습니다. 등분산 검정의 p값은 .552로 .05보다 크므로 두 집단은 동일한 분산을 갖는 것으로 볼 수 있습니다. 따라서 우리는 위의 Student's t값을 보면 됩니다.

〈통계 검정 요약 – Shapiro-Wilk 정규성 검정〉

영가설 H_0 : 표본분포는 정규분포를 따른다.

대립가설 H_1 : 표본분포는 정규분포를 따르지 않는다.

검정통계량 W=0.96

p-value = .281 > 0.05

결정 : 표본의 분포는 정규분포를 따른다.

〈통계 검정 요약 – Levene's 등분산 검정〉

영가설 H_0 : 두 집단(그룹1, 그룹2)의 분산이 동일하다.

대립가설 H_1 : 두 집단(그룹1, 그룹2)의 분산이 동일하지 않다.

검정통계량 F=0.36

p-value = .0.552 > 0.05

결정 : 두 집단의 분산이 동일하다.

+ 여기에서 만약 분산이 동일하지 않다면, 분석창 옵션 Student's 아래에 있는 Welch's의 교정공식을 사용하여 t 검정을 하여야 합니다.

(5) 등분산 조건이 충족되었으므로 Student의 t값을 다시 확인해 봅니다. Additional Statistics에서 ❶ Mean difference(평균차)와 Confidence Interval(신뢰구간)에 체크하여 평균차와 신뢰 구간을 더 살펴보고, Effect size(효과 크기)도 체크하여 차이에 대한 효과 크기를 살펴보도록 하겠습니다.

❷ 차이뿐 아니라 각 집단의 평균과 표준편차 등의 기술통계량도 알아보기 위해 Descriptives를 선택하여 살펴봅시다.

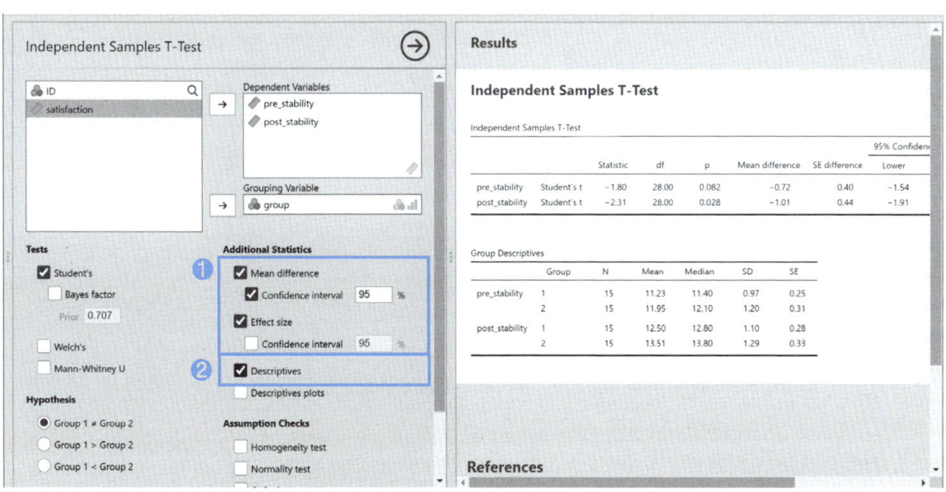

| 그림 4-15 | 독립표본 t 검정 분석창 입력 – 평균차와 신뢰구간, 효과크기와 신뢰구간

힐링 프로그램 종류에 따른 사후검사의 평균차는 -1.01, 신뢰구간은 -1.91~-0.12로 0을 포함하고 있지 않으며, 효과크기가 -0.85로 큰 효과크기를 보이고 있어 유의미한 차이가 있는 것으로 나타났습니다.

대조적으로 사전검사의 평균차와 효과크기의 신뢰구간을 살펴보면 모두 0을 포함하고 있어 온라인과 오프라인 프로그램에 참여한 학생들의 사전검사의 차이는 유의미하지 않은 것을 볼 수 있겠죠?

힐링프로그램을 시작하기 전 정서적 안정감의 평균은 온라인 프로그램에 참여하는 학생들의 평균은 11.23(*SD*=0.97), 오프라인 프로그램에 참여하는 학생의 평균이 11.95(*SD*=1.20)이었습니다. 사전검사에서 프로그램 차이에 대한 t값은 -1.80, p는 0.082, 신뢰구간은 -1.54~0.10으로 p값이 .05보다 크고 신뢰구간에 0을 포함하고 있어 두 집단의 차이가 유의미하지 않으므로 동일한 집단으로 볼 수 있습니다. 힐링프로그램에 참여한 후에 실시한 사후 검사의 정서적 안정감을 살펴보면, 온라인 힐링프로그램에 참여한 학생들(그룹1)의 정서적 안정감 평균은 12.50(*SD*=1.10), 오프라인 힐링프로그램에 참여한 학생들(그룹2)의 정서적 안정감 평균은 13.51(*SD*=1.29)입니다.

사후검사에서 남학생과 여학생의 차이에 대한 t값은 2.31, p값이 0.028이며, 신뢰구간은 -1.19~-0.12로, p값이 .05보다 작고 신뢰구간에 0을 포함하고 있지 않아 사후검사에서 프로그램에 따른 정서적 안정감의 차이는 유의미한 것으로 볼 수 있습니다.

〈통계 검정 요약 – Levene's 등분산 검정〉

영가설 H_0 : 온라인 프로그램과 오프라인 프로그램에 참여한 학생들의 사후검사 점수는 차이가 없다.

대립가설 H_1 : 온라인 프로그램과 오프라인 프로그램에 참여한 학생들의 사후검사 점수는 차이가 있다.

검정통계량 t(df=29)=2.31

p-value = 0.028<0.05

결정 : 온라인 힐링프로그램과 오프라인 힐링프로그램에 참여한 학생들의 사후검사 점수 간에는 통계적으로 유의한 차이가 있다.

결과 보고

분석 결과를 보고서 양식으로 작성해 봅시다.

힐링프로그램이 대학생의 정서적 안정감에 미치는 효과에서 프로그램 종류에 따른 차이가 있는지 분석한 결과는 〈표 4-3〉과 같다.

〈표 4-3〉 **프로그램 종류에 따른 힐링프로그램의 효과**

	N	*M*	*SD*	*Mean difference*	*95% confedence interval*		*effect size*	*t*	*p*
					lower	*upper*			
온라인 힐링프로그램	15	12.5	1.10	-1.01	-1.91	-0.12	-0.85	2.31	.028
오프라인 힐링프로그램	15	13.5	1.29						

온라인 힐링프로그램에 참여한 학생들의 정서적 안정감에 대한 사후검사점수 평균은 12.5(*SD*=1.10), 오프라인 힐링프로그램에 참여한 학생들의 사후검사점수 평균은 13.5(*SD*=1.29)로 나타났다. 힐링프로그램을 통한 정서적 안정감에 대한 효과에서 프로그램에 따른 차이가 있는지 살펴본 결과, 평균차는 -1.01이며 신뢰구간은 -1.91 ~ -0.12로 0을 포함하지 않고 있으며, 효과크기는 -0.85로 나타나 차이에 대해 큰 효과크기를 보였다. t값은 2.31, 유의확률 .028로 유의수준 .05에서 유의미한 차이가 나타나 온라인으로 실시한 프로그램보다 오프라인으로 실시한 힐링프로그램에서 학생들의 정서적 안정감이 더 높아진 것으로 볼 수 있다.

실습해 보세요

01 lsj 데이터 중 'Harpo' 데이터를 이용하여 독립표본 t검정을 실습해 봅시다. Harpo 교수의 수업에는 Anastasia와 Bernadette의 튜터가 있는데 Anastasia는 15명, Bernadette는 18명을 가르치고 있습니다. 둘 중 누가 더 나은지 혹은 차이가 없는지 알아보고자 합니다. 교수자에 따른 학생들의 점수를 비교해 봅시다.

1) Open-Data Library-'Harpo'를 클릭하여 데이터를 불러줍니다.

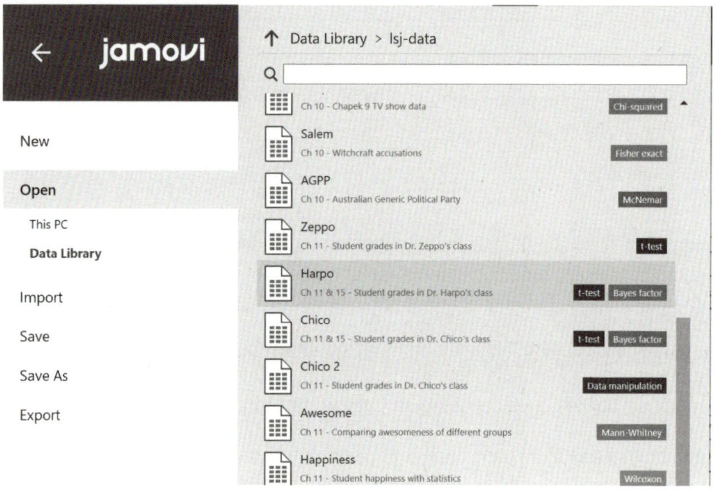

Harpo 데이터 열기

2) 데이터를 열면 grade 변수가 명목 변수로 되어 있으므로 연속형 변수로 설정해 줍니다.

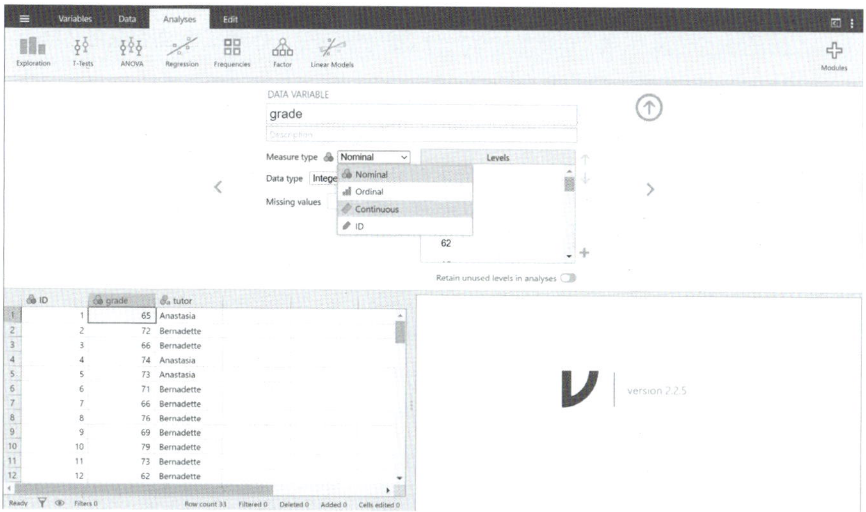

변수 유형 설정

3) Analyses - T-Tests - Independent Samples T-Tests 실행하기

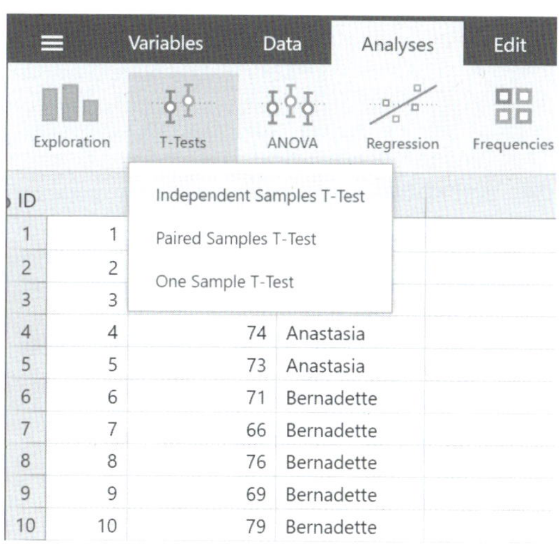

독립표본 t 검정 실행

4) 분석창이 나타나면 Dependent Variables에 학생들의 점수인 'grade'를 넣고 Grouping Variable에 'tutor'를 넣어줍니다.
등분산 검정을 위해 Homogeneity test를 선택하고, 각 튜터별 학생들의 점수를 알아보기 위해 기술통계에도 체크하여 줍니다.

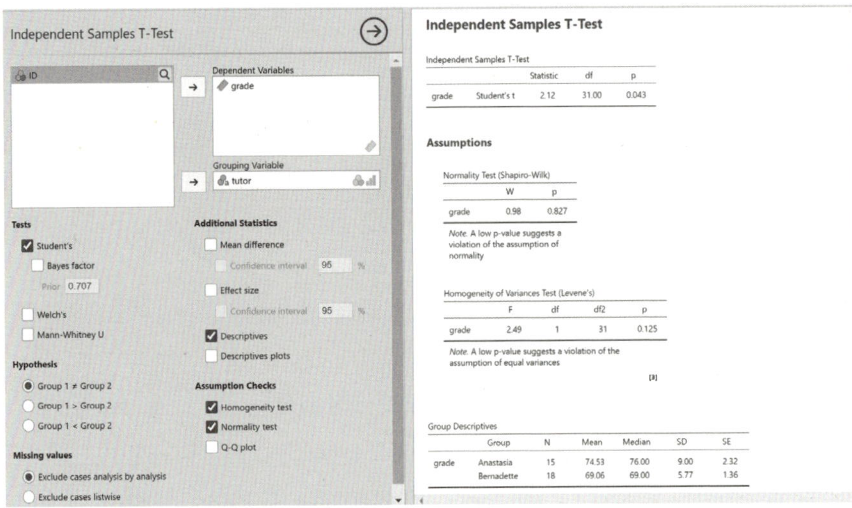

독립표본 *t* 검정 분석창 입력 – 등분산, 정규성 검정, 기술통계

등분산 검정 결과 p값이 0.125로 .05보다 크므로 두 집단은 등분산이 성립되어 Student의 t값을 읽어주면 됩니다. 정규성 검정 결과 Shapiro-Wilk값은 0.98, p값이 0.827로 정규성 조건이 충족되었습니다.
기술통계를 보면 Anastasia가 가르친 학생들의 평균은 74.53, 표준편차 9.00, Barnadette가 가르친 학생들의 평균은 69.06, 표준편차 5.77로 나타났습니다. t값은 2.12, p는 0.043으로 .05에서 유의미한 차이가 있음을 알 수 있습니다. 따라서 Anastasia가 Barnadette보다 더 나은 튜터라고 볼 수 있겠습니다.

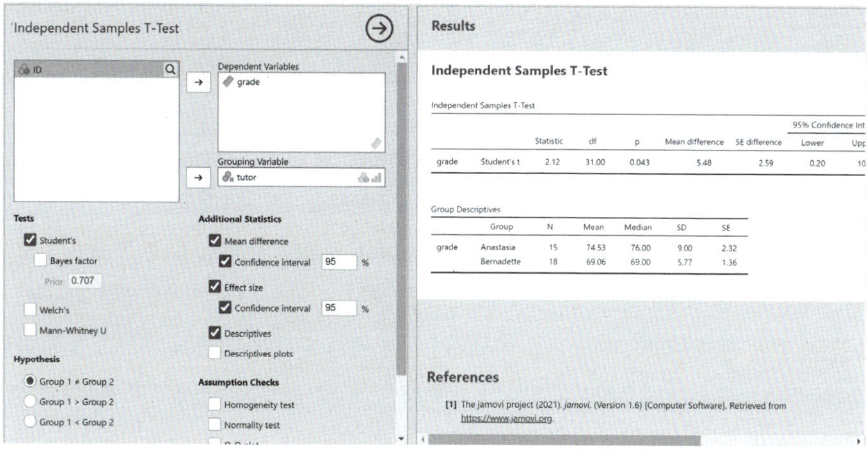

독립표본 t 검정 분석창 입력 – 평균차와 신뢰구간, 효과크기와 신뢰구간, 기술통계

평균차는 5.480이며 신뢰구간은 0.20~10.76, 효과크기는 0.74로 높은 효과크기를 나타내고 있습니다. 그만큼 교수자에 따른 학생들의 점수 차이가 유의미하다는 의미이겠지요.

연습문제

유치원 만 5세 A학급에서 1년간 협력적인 게임활동을 실시하여 유아들의 자기조절력 향상에 도움이 되었는지 알아보고자 합니다. 이번에는 비교집단으로 만 5세 B학급을 선정하여 A학급에서 이루어진 협력적인 게임활동이 자기조절력 향상에 유의미한 영향을 미치는지를 알아보도록 합니다. 데이터는 만 5세 A학급 유아 20명과 B학급 유아 20명에 대한 자기조절력 검사도구 중 일부 문항에 대한 검사 결과이며, 활동을 실시하기 전에 담임 교사가 유아들의 자기조절력 평정을 하고 활동이 끝난 후에 다시 평정한 것입니다. 협력적인 게임활동이 유아들의 자기조절력을 향상시키는 데에 도움이 되었는지 알아보기 위해 독립표본 t검정을 실시해 봅시다.

〈자기조절력 검사〉

번호	문항내용	전혀 그렇지 않다	그렇지 않은 편이다	보통 이다	그런 편이다	매우 그렇다
1	자신이 알고 있는 것과 알지 못하는 것을 구별하여 잘 표현한다.					
2	자신이 할 수 있는 것과 할 수 없는 것을 구별하여 언어로 표현한다.					
3	자신의 행동에 대한 결과를 예측하며 행동한다.					
4	놀이나 활동을 시작하기 전에 무엇을 먼저 할 것인지 스스로 계획하고 결정하며, 자발적으로 행동한다.					

〈데이터〉

	ID	class	pre_reg1	pre_reg2	pre_reg3	pre_reg4	post_reg1	post_reg2	post_reg3	post_reg4
1	1	A	4	5	3	4	4	5	4	5
2	2	A	3	4	3	3	4	4	3	5
3	3	A	4	4	3	2	5	4	5	5
4	4	A	3	4	3	2	4	4	4	3
5	5	A	2	3	2	2	3	4	3	4
6	6	A	3	2	2	3	3	3	3	5
7	7	A	4	4	5	4	5	5	5	4
8	8	A	3	4	3	4	5	6	5	4
9	9	A	2	3	3	4	3	4	3	3
10	10	A	4	3	4	5	4	4	4	4
11	11	A	3	4	3	3	4	4	3	3
12	12	A	5	4	3	4	4	4	4	4
13	13	A	3	4	3	2	4	4	4	3
14	14	A	4	4	4	5	5	4	5	5
15	15	A	5	4	4	3	5	4	4	5
16	16	A	4	4	3	2	5	5	4	5
17	17	A	3	4	3	3	3	5	4	4
18	18	A	2	3	3	3	3	4	3	5
19	19	A	4	4	3	3	4	5	4	4
20	20	A	4	4	3	2	5	4	5	4
21	21	B	4	5	4	3	5	5	5	4
22	22	B	2	3	3	4	4	3	4	3
23	23	B	3	4	5	4	4	4	5	5
24	24	B	3	2	3	4	3	3	3	4
25	25	B	4	5	4	4	5	5	4	4
26	26	B	4	3	5	4	5	4	5	4
27	27	B	3	2	4	4	4	3	4	4
28	28	B	3	3	3	4	4	4	3	4
29	29	B	3	4	4	5	4	4	4	5
30	30	B	2	3	3	4	3	3	3	4
31	31	B	3	2	4	4	4	3	4	4
32	32	B	3	2	3	4	4	3	3	4
33	33	B	2	2	2	3	3	4	3	3
34	34	B	4	5	3	2	4	5	4	3
35	35	B	2	3	4	4	2	3	4	4
36	36	B	3	4	3	4	4	4	3	4
37	37	B	3	4	3	2	4	4	4	4
38	38	B	2	3	2	4	4	3	3	4
39	39	B	3	4	3	3	3	4	4	4
40	40	B	2	3	3	2	3	3	3	3

05
CHAPTER

분산분석 (Analysis of Variance)

05
CHAPTER

분산분석(Analysis of Variance)

2개 이상 집단의 평균 비교

Analyses – ANOVA

이 장에서 사용되는 데이터 파일 : 〈분산분석.csv〉, 〈Clinical Trial.csv〉, 〈분산연습.csv〉

* Clinical Trial는 모듈추가창에서 lsj-data-learning statistics 모듈을 추가하면 파일 불러오기 메뉴에서 Data Library에서 찾을 수 있음

개념

분산분석은 2개 이상 집단의 평균을 비교하는 통계분석 방법입니다. 앞서 두 집단을 비교할 경우에는 t 검정을 통해 분석하였지만, 만약 3개의 집단을 비교할 경우에는 t 검정을 사용한다면 분석을 3번 실시해야 합니다(A, B, C 3집단 간 분석을 실시한다고 하면, A-B, B-C, A-C). 집단이 많아지면 더욱더 복잡해지겠지요. 그리고 집단이 3집단 이상일 경우 t 검정을 사용하면 1종 오류가 커지는 문제가 발생합니다. 따라서 3집단 이상 비교를 할 때에는 t 검정을 여러 번 하지 않고, Fisher(1924)의 분산분석 방법을 사용합니다.

분산분석은 집단 간 분산(각 집단의 표본 평균이 전체 평균에서 흩어져 있는 정도)과 집단 내 분산(각 집단 내 데이터가 흩어져 있는 정도)을 비교하여 통계적으로 유의미한 차이가 있는가의 여부를 검증하게 됩니다.

☑ 분산분석은 독립변수가 범주형, 종속변수가 양적변수이어야 하며, 각 모집단이 정규분포를 이루고, 동일한 분산을 갖는다는 기본 가정을 가지고 실시합니다.

우리는 분산분석 중 일원분산분석, 다원분산분석에 대해 알아보도록 하겠습니다.

첫째, 일원분산분석은 독립변수가 하나이며 이 독립변수가 2개 이상의 범주로 구성되어 있을 때, 연속형 변수로 이루어진 종속변수에 미치는 영향을 알아보는 경우에 실행합니다.

둘째, 다원분산분석은 독립변수가 2개 이상일 경우, 각 독립변수가 종속변수에 미치는 영향에 대해 알아보는 경우입니다. 만약 독립변수가 2개이면 이원, 3개이면 삼원분산분석이라고 해요. 여기에서 우리는 이원분산분석을 해볼 것입니다.

jamovi로 쉽게 분석하기

1. 일원분산분석(One-way ANOVA)

일원분산분석은 독립변수가 하나일 때 분산의 원인이 집단 간 차이에 따른 것인지 아닌지를 분석하는 방법입니다. 독립변수는 범주가 2개 이상인 범주형 데이터이고, 종속변수는 연속형 데이터일 경우에 사용할 수 있습니다. 다음의 사례로 일원분산분석을 해봅시다.

교수방법에 따라 학생들의 사회 시험 점수에 차이가 있는지 알아보도록 합시다. 교수방법은 강의식, 토의식, 문답식 세 가지로 설정하고, 이 세 가지 방법에 따라 학생들의 사회 시험 점수에 차이가 있는지 알아보려고 합니다. 이 경우 독립변수는 교수방법이며 3개의 범주를 가지고 있지요. 종속변수는 시험 점수로 10점을 만점으로 하는 점수를 갖게 된다고 가정합니다. 이제 일원분산분석을 실시하여 결과를 알아보도록 해 봅시다.

예제 교수방법(강의식, 토의식, 문답식)에 따라 시험 점수에 차이가 있는가?

▶ 예제 데이터 '분산분석.csv' 파일을 불러옵니다.

이 데이터는 교수방법에 따른 사회 시험 점수를 수집한 데이터로, 3개의 집단이 각각 강의식, 토의식, 문답식으로 수업을 한 후 학생들의 시험 점수를 입력한 것입니다.

첫 번째 칼럼 ID는 연구대상자들의 일련번호입니다.

각 집단별로 10명씩 총 30명이며 두 번째 칼럼 'instructional_method'은 교수방법으로 강의식(lecture), 토의식(discussion), 문답식(conversation) 세 가지가 있습니다. 즉, 교수방법의 종류가 독립변수(Grouping Variable)이며 독립변수의 수준이 3수준입니다.

세 번째 칼럼 'grade'는 각 학생들의 학년입니다.

네 번째 칼럼 'score'는 사회 시험 점수입니다. 이 점수가 종속변수(Dependent Variables)입니다.

1열 : ID

2열 : instructional_method(교수방법) 독립변수

3열 : grade(학년)

4열 : score(사회 시험 점수) 종속변수

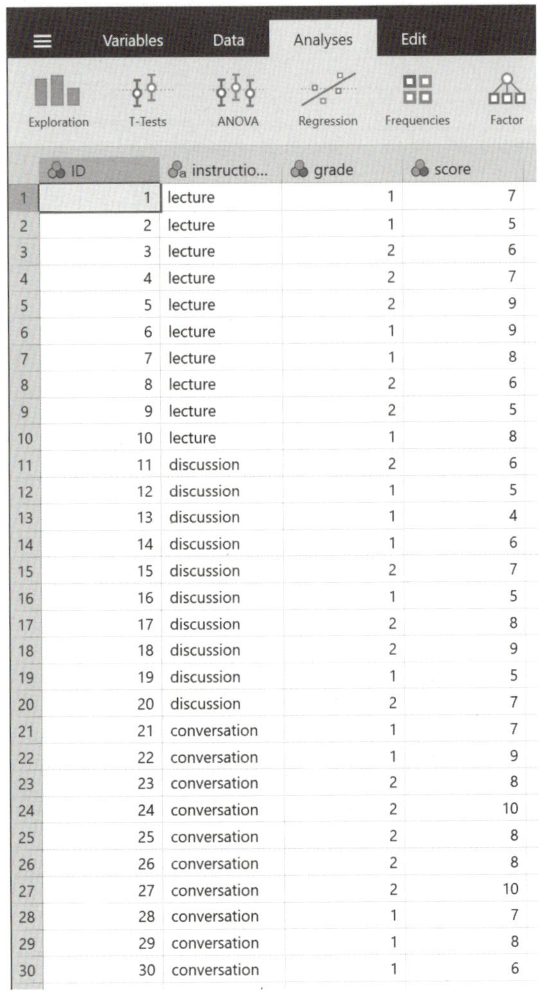

	ID	instructio...	grade	score
1	1	lecture	1	7
2	2	lecture	1	5
3	3	lecture	2	6
4	4	lecture	2	7
5	5	lecture	2	9
6	6	lecture	1	9
7	7	lecture	1	8
8	8	lecture	2	6
9	9	lecture	2	5
10	10	lecture	1	8
11	11	discussion	2	6
12	12	discussion	1	5
13	13	discussion	1	4
14	14	discussion	1	6
15	15	discussion	2	7
16	16	discussion	1	5
17	17	discussion	2	8
18	18	discussion	2	9
19	19	discussion	1	5
20	20	discussion	2	7
21	21	conversation	1	7
22	22	conversation	1	9
23	23	conversation	2	8
24	24	conversation	2	10
25	25	conversation	2	8
26	26	conversation	2	8
27	27	conversation	2	10
28	28	conversation	1	7
29	29	conversation	1	8
30	30	conversation	1	6

| 그림 5-1 | 분산분석 예제 데이터

(1) 데이터를 불러오면 각 변수들의 유형에 알맞게 설정해 줍니다. 'score(시험점수)' 변수는 연속형 변수이므로 상단의 ❶ Variable – ❷ 'score' 선택 – ❸ Edit를 클릭하거나 Data – 'score' 선택 – Setup을 클릭 후 ❹ Measure type에서 Continuous로 변경합니다.

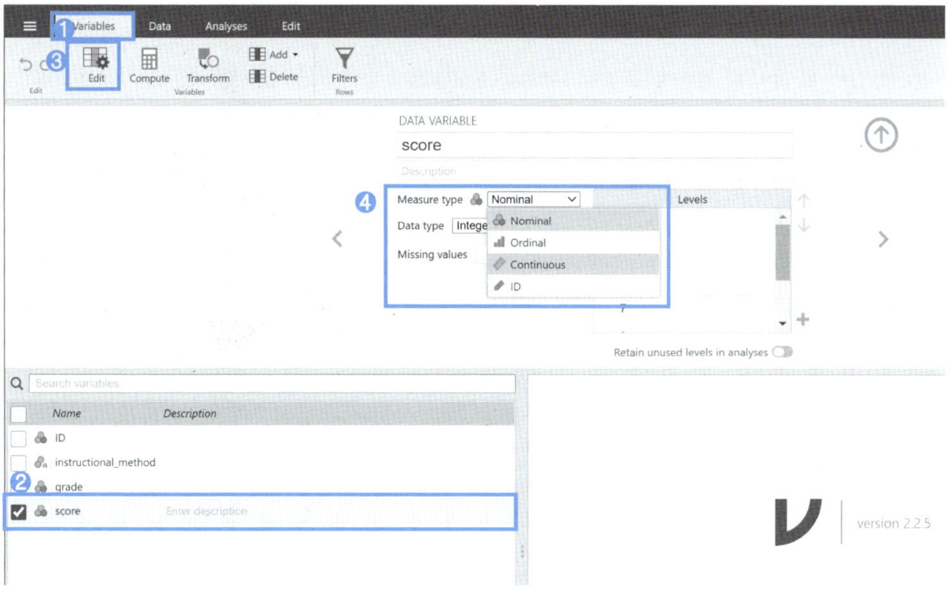

| 그림 5-2 | 변수 유형 설정

(2) 일원분산분석을 위해 ❶ Analyses – ❷ ANOVA – ❸ One-Way ANOVA를 클릭합니다.

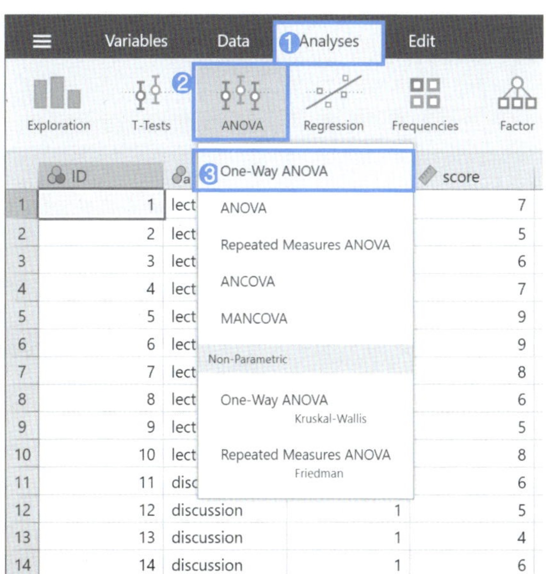

| 그림 5-3 | 일원분산분석 실행

(3) 분석창이 나타나면 교수방법에 따른 시험점수의 차이를 볼 것이므로 ❶ 종속변수가 되는 시험점수인 'score'를 Dependent Variables(종속 변수)로, ❷ 'instructional_method'는 Grouping Variable(그룹 변수)로 옮겨줍니다.

Plus Tip

instructional_method(교수방법) 변수를 grouping variable 창으로 이동시킬 때 창 오른쪽 하단에 Nominal〈명목형=범주형〉과 Ordinal〈순서형=범주형〉아이콘 표시가 되어있음을 확인하세요. 다른 형태의 변수는 들어갈 수 없습니다. Dependent Variables창에도 오른쪽 하단에 연속형 변수를 의미하는 아이콘 표시가 되었네요. 따라서 이 창에는 연속형 변수만 넣을 수 있습니다. 즉, One-Way ANOVA는 독립변수(Grouping Variabe)에는 Nominal(명목형) 혹은 Ordinal(순서형)만, 종속변수(Dependent Variable)에는 연속형 데이터만 가능합니다.

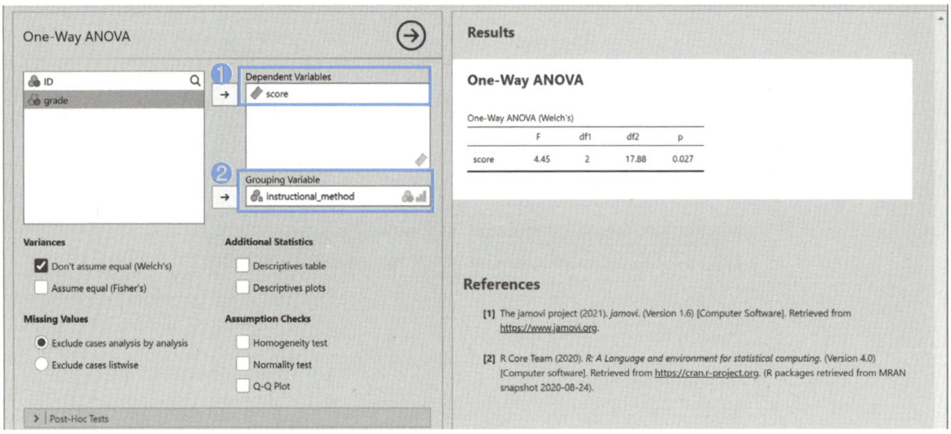

그림 5-4 일원분산분석 창 입력

변수를 입력하면, 결과창에 바로 F값, 자유도(df), 유의확률(p)이 출력됩니다. 현재의 결과를 해석하기 전에 먼저 해야 할 일이 있습니다. 즉, 일원분산분석을 해도 무방한지, 필요한 가정을 충족하고 있는지 등을 점검해야 합니다. 일원분산분석에서 필요한 가정은 데이터의 정규성과 집단 간 분산의 동일성이 확보되어야 합니다.

(4) jamovi에서는 기본적으로 등분산을 가정하지 않는 것으로 선택되어 있어요. 즉, Welch의 교정공식을 사용하여 df를 계산하여 F값을 구합니다. 그러나 일반적으로 등분산을 가정하고 F값을 구하는 경우가 많으니 먼저 등분산 검정을 해봅시다. Assumption Checks(가정 확인)에서 등분산 검정을 위한 Homogeneity test와 정규성 검정을 위한 Normality test를 선택합니다.

- Homogeneity test 종속변수의 분산이 예측변수의 변화에 따라 일정해야 하므로 집단의 분산이 동일하다는 가정을 충족해야 합니다. Levene's 검정은 집단의 분산이 동일하다는 것을 영가설로 하여 분석합니다. 결과창에는 Homogeneity of Variaces Test(Levene's)라는 항목으로 제시합니다.
- Normality test 표본에서 얻어진 데이터 분포가 정규분포에 근사하고 있는가를 검정합니다. 여기에서 영가설은 표본의 분포와 정규분포가 동일하다는 것으로, 검정 결과 유의하지 않다면 표본의 분포가 정규분포와 유의하게 다르지 않으므로 정규분포와 근사하다고 볼 수 있습니다. 결과창에는 Normaility test(Shapiro-Wilk) 항목으로 제시합니다.
- Q-Q Plot 정규성 가정이 만족되는지 확인할 수 있는 방법입니다. Q-Q Plot의 점들이 기울기가 45도인 직선에 밀집되어 있어야 정규성을 가정할 수 있습니다. X축에는 이론적인 값을 Y축에는 표준화된 잔차를 배치하여 그래프를 그립니다.

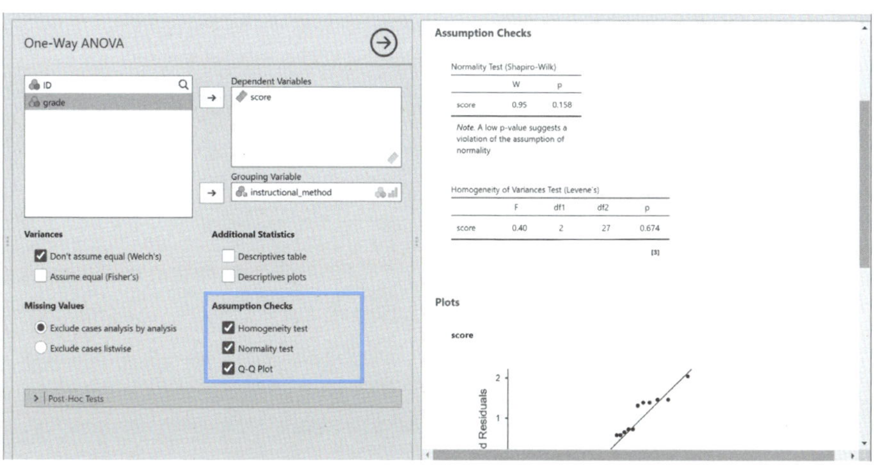

| 그림 5-5 | 일원분산분석 창 입력 – 등분산 검정, 정규성 검정, Q-Q Plot

결과창에서 Shapiro-Wilk 정규성 검정의 p값은 0.158로 나타나 영가설을 기각하지 못했습니다. 따라서 정규분포와 근사하다고 볼 수 있으므로 정규성 검정이 확인되었습니다.

〈통계 검정 요약 – Shapiro-Wilk 정규성 검정〉

영가설 H_0 : 데이터의 분포가 정규분포를 따른다.
대립가설 H_1 : 데이터의 분포가 정규분포를 따르지 않는다.
검정통계량 W=0.95
p-value = .158 > 0.05
결정 : 데이터의 분포가 정규분포를 따른다.

Levene's 이질성 검정 결과 p값이 0.674로, p값이 .05보다 크게 나타났으므로 영가설을 기각하지 못했으므로 집단 간 분산이 유의미한 차이가 없다는 것을 알게 되었습니다. 등분산이 충족되었다는 의미이죠.

〈통계 검정 요약 – Levene's 등분산 검정〉

영가설 H_0 : 집단의 분산이 동일하다.
대립가설 H_1 : 집단의 분산이 동일하지 않다.
검정통계량 F=0.40
p-value = .0.674 > 0.05
결정 : 두 집단의 분산이 동일하다.

Q-Q plot은 정규성이 확보되면 직선의 형태로 그려지게 됩니다. 나타난 결과에서도 직선의 형태로 그려졌으며, 직선 주위에 데이터가 밀집되어 있으므로 정규성을 만족한다고 볼 수 있습니다.

+ 여기에서 만약 등분산이 충족되지 않았다면 처음에 설정되어 있던 Don't assume equal(Welch's)에 체크하여 Welch의 방법으로 분석합니다.

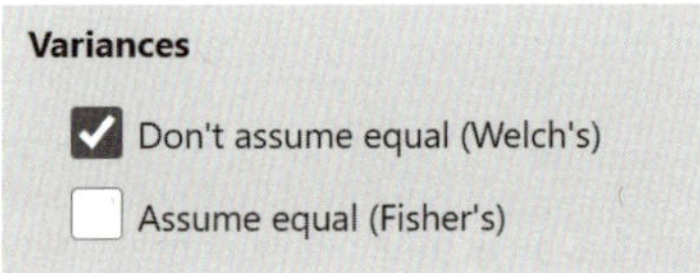

(5) 이 예제에서는 등분산이 충족되었으므로 Variances(분산)에서 Assume equal (Fisher's)를 선택합니다.

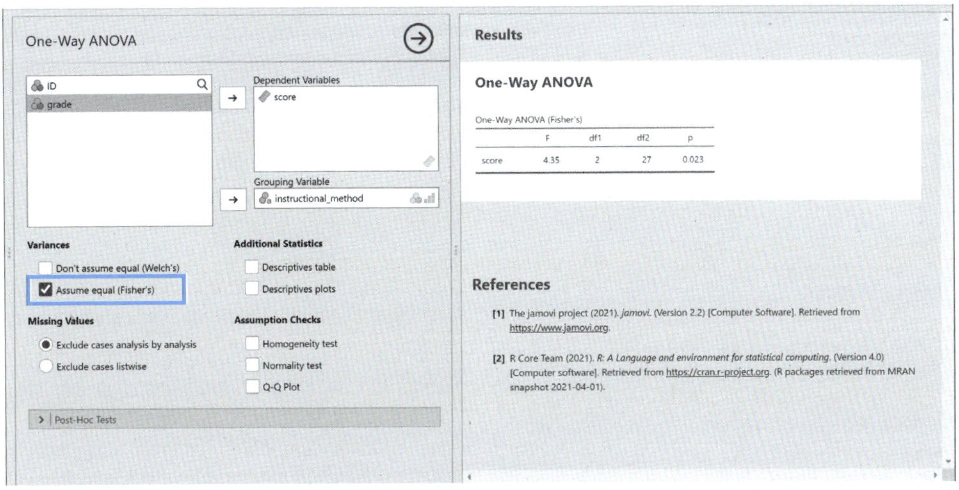

| 그림 5-6 | 일원분산분석 실행(Fisher)

그럼 등분산을 가정한 일원분산분석의 결과를 다시 살펴볼까요? 등분산 가정이 충족된 Fisher의 결과에서 *F*값은 4.35, *p*값은 0.023으로 나타나 .05에서 유의미한 차이가 있으므로 세 집단 간 사회 점수는 차이가 있다고 볼 수 있겠지요. 따라서 강의식, 토의식, 문답식 3가지 교수방법에 따른 사회 점수는 유의미한 차이가 있습니다. 이는 3가지 교수 방법 중 최소한 한 가지 방법은 다른 방법과 사회점수에 차이를 만들어 낸다고 볼 수 있습니다.

〈통계 검정 요약 – 일원분산분석〉

영가설 H_0 : $\mu_1=\mu_2=\mu_3$ (세 가지 교수방법에 따른 사회 점수는 차이가 없다)

대립가설 H_1 : $\mu_1 \neq \mu_2 \neq \mu_3$ or $\mu_1=\mu_2 \neq \mu_3$ or $\mu_1 \neq \mu_2=\mu_3$ or $\mu_1=\mu_3 \neq \mu_2$

(세 가지 교수방법에 따른 사회 점수는 차이가 있다)

검정통계량 $F(df=29)=4.35$

p-value = 0.023 < 0.05

결정 : 세 가지 교수방법에 따른 사회 점수 간에는 통계적으로 유의한 차이가 있다.

(6) 각 집단 평균과 표준편차 등의 기술통계량을 살펴보기 위해 Additional Statistics에서 Descriptives table을 선택합니다.

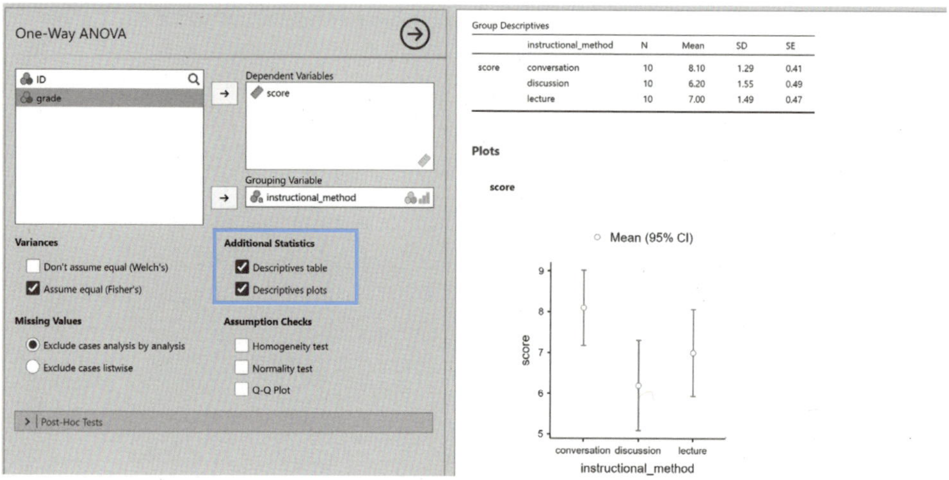

| 그림 5-7 | 일원분산분석 실행 – 기술통계

기술통계량을 살펴보면, 문답식(conversation) 수업을 들은 집단의 평균은 8.10(*SD*=1.29), 토의식(discusstion) 수업을 들은 집단의 평균은 6.20(*SD*=1.55), 강의식(lecture) 수업을 들은 집단의 사회 점수 평균은 7.00(*SD*=1.49)으로, 문답식 수업을 들은 학생들의 시험 점수가 가장 높은 것으로 나타났습니다.

그래프를 통해서도 한눈에 문답식(conversation)으로 이루어진 수업의 학생들의 점수가 가장 높고 토의식(discusstion) 수업의 학생 점수가 가장 낮은 것을 확인할 수 있어요.

일단 세 집단 간 평균의 차이가 나타난 것은 알 수 있습니다. 그런데 세 집단 중 어떤 집단 간의 차이가 통계적으로 유의미한지 알아보기 위해서는 사후분석을 해야 합니다.

(7) 사후분석을 하기 위해 ❶ Post-Hoc Tests(사후 검정)를 선택하면 옵션이 나타납니다. 앞에서 등분산이 확보되었으므로 ❷ Tukey(equal variances) 검정을 선택합니다. 그리고 ❸ Statistics(통계량)에서 다음 네 가지 모두 선택하여 결과를 살펴 봅시다.

- Games-Howell (unequal variances) 등분산이 확보되지 않았을 때 사용하는 사후 검정법입니다.
- Tukey (equal variances) 등분산이 확보되었을 때 사용하는 사후검정법의 하나입니다.

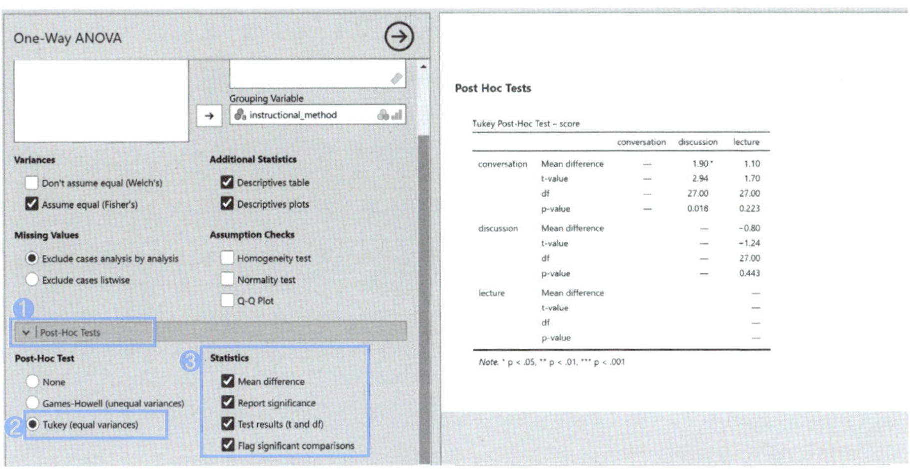

| 그림 5-8 | 일원분산분석 실행 – 사후 분석(Tukey)

사후분석결과 문답식과 토의식 수업을 들은 학생들 간의 시험점수 차이가 유의한 것으로 나타났습니다(p=.018). 그리고 평균차에 * 표시가 되어 있는 것도 확인할 수 있지요? Flag significant comparisons를 선택하면 이렇게 유의확률에 따라 표시도 해준답니다.

그러나 강의식과 대화식, 강의식과 토의식에는 유의한 차이가 발견되지 않았습니다. 즉, 교수방법에 따른 시험점수의 차이는 발견되었지만 그 차이는 주로 문답식과 토의식 간에 나타난 것을 알 수 있습니다.

Plus Tip

더 많은 사후검정법을 이용하려면 One-Way ANOVA 대신에 일반 ANOVA메뉴를 이용합니다. ANOVA에서는 대비비교(Contrasts)와 기타 사후검정(Post Hoc Tests)인 Scheffe, Bonferroni, Holm 등 방법을 이용할 수 있습니다.

결과 보고

앞에서 나온 통계 결과를 토대로 결과표를 작성해 봅시다.

교수방법에 따른 사회 점수의 차이에 대해 알아보기 위해 일원분산분석을 실시한 결과는 〈표 5-1〉과 같다.

〈표 5-1〉 교수방법에 따른 사회 점수

	N	*M*	*SD*	*F*	*p*	사후검정(Tukey)
문답식	10	8.1	1.29	4.35	0.023	문답식> 토의식, 강의식
토의식	10	6.2	1.55			
강의식	10	7.0	1.49			

교수방법의 차이에 따른 사회 점수에 대한 분석 결과, 문답식 수업을 들은 학생들의 사회 점수 평균이 8.1(*SD*=1.29)로 가장 높았으며, 강의식 수업을 들은 학생들의 사회점수 평균은 7.0(*SD*=1.49), 토의식 수업을 들은 학생들의 사회점수 평균이 6.2(*SD*=1.55)로 나타나 문답식 수업을 들은 학생들이 사회 시험을 가장 잘 본 것으로 나타났다.

세 집단 간 차이를 알아본 결과, *F*값이 4.35(*p*=0.023)로 교수방법의 차이에 따라 사회점수에서 유의미한 차이가 있는 것으로 나타났다. 사후검정결과, 문답식과 토의식 수업에서 유의미한 차이가 있으며, 토의식과 강의식 수업 간에는 차이가 없다.

실습해 보세요

1 lsj데이터 중 'Clinical Trial' 데이터를 이용하여 일원분산분석을 실습해 봅시다. 우울증을 치료하는 약의 종류(drug)에 따라 기분(mood.gain)이 어떻게 달라졌는지를 보고자 합니다. drug는 placebo(위약), anxifree, joyzepam 세 종류로, 약을 3개월간 실행한 후 각 개인의 기분을 평가하고 각 개인의 기분의 전반적인 개선을 -5에서 +5 범위의 척도로 평가한 데이터입니다.

1) 먼저 데이터를 열어봅시다. Open – Data Library – Clinical Trial 파일을 클릭합니다.

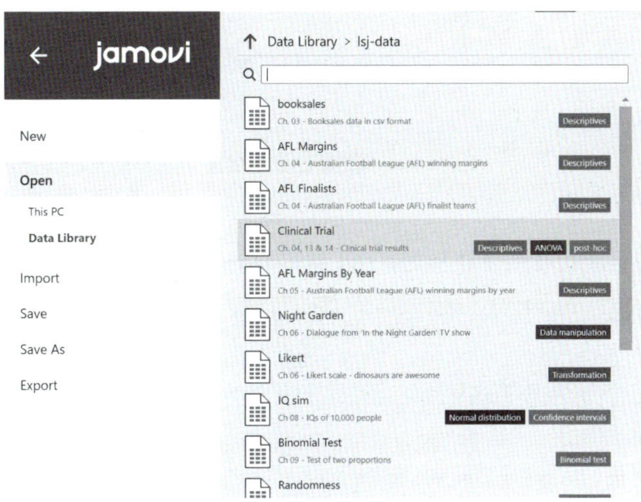

Clinical Trial 데이터 열기

2) Analyses – ANOVA – One-Way ANOVA를 클릭하여 일원분산분석을 위한 분석창을 엽니다.

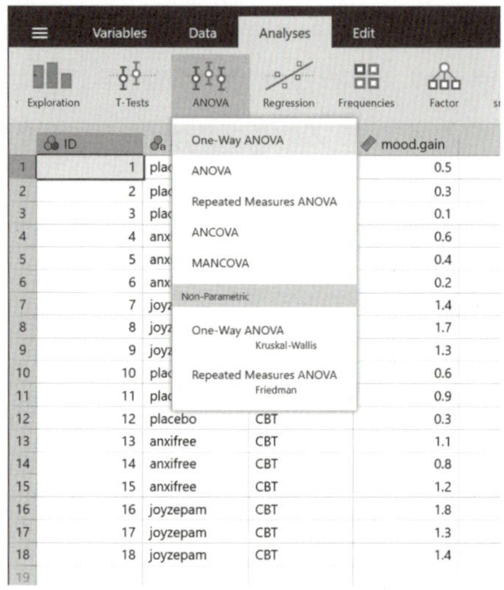

일원분산분석 실행

3) 분산분석을 하기 위해 먼저 등분산이 확보되었는지 확인하기 위한 Homogeneity test(동질성 검정)과 Normality test(정규성 검정), Q-Q plot을 선택합니다.

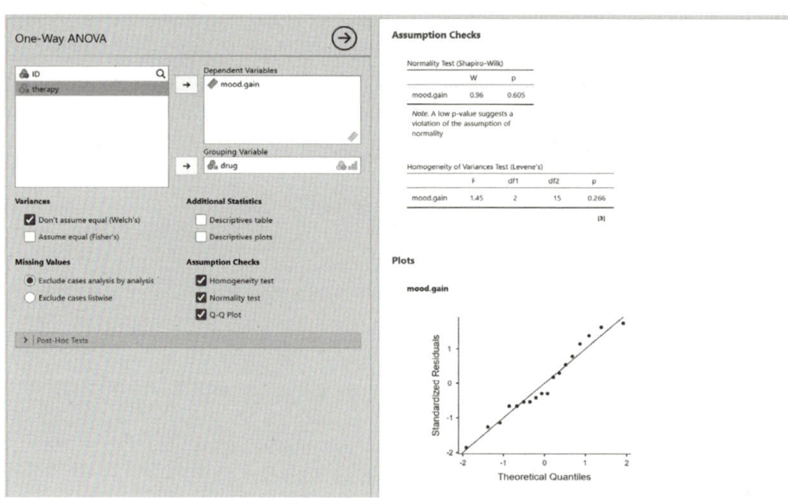

일원분산분석 실행 – 동질성 검정, 정규성 검정, Q-Q plot

먼저 등분산과 정규성 검정 결과를 살펴볼까요? 분석 결과 정규성 검정 결과 Shapiro-Wilk의 *W*값은 0.96, *p*값은 0.605로 유의확률이 .05보다 크기 때문에 영가설을 받아들여 정규분포 가정이 성립된다고 볼 수 있습니다. 또한 Levene's 동질성 검정에서 *F*값이 1.45, *p*값이 0.266으로, 유의확률이 .05보다 크기 때문에 영가설을 받아들여 등분산이 확보되었습니다. 또한 Q-Q plot에서도 직선의 형태로 그려졌으며, 직선 주위에 데이터가 밀집되어 있으므로 정규성을 만족한다고 볼 수 있습니다.

4) 등분산이 충족되고 정규성이 확보되었으므로 Fisher의 일원분산분석을 실행합니다. 따라서 Assume equal(등분산 가정)에 체크하여 일원분산분석 값을 해석해 봅니다.

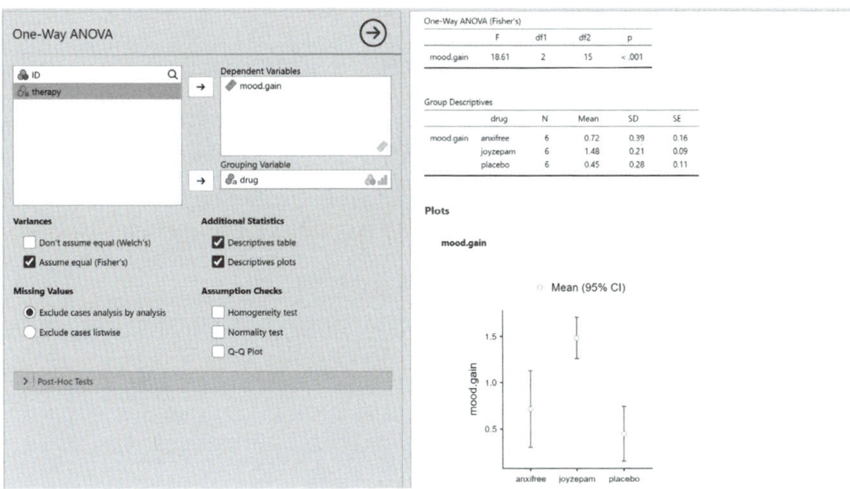

일원분산분석 실행(Fisher)

분산분석 결과 *F*값은 18.61, *p*값은 <.001로 나타나 유의수준 .05에서 영가설이 기각되었습니다. 따라서 우울증 치료에 대한 효과에서 약의 종류에 따라 유의미한 차이가 있는 것으로 볼 수 있습니다.

또한 Descriptives table에 체크하여 각 집단의 평균과 표준편차 등도 확인할 수 있습니다. anxifree 약을 먹은 사람들의 기분 평균 점수는 0.72(*SD* = 0.39), joyzepam 약을 먹은 사람들의 기분 평균 점수는 1.48(*SD* = 0.21), placebo 약을 먹은 사람들의 기분 평균 점수는 0.45(*SD* = 0.28)로, joyzepam의 효과가 가장 큰 것으로 나타났습니다.

5) 일원분산분석 결과 유의미한 차이가 나타났으므로 Post – Hoc Tests – Tukey를 실행하여 사후검정을 실시합니다.

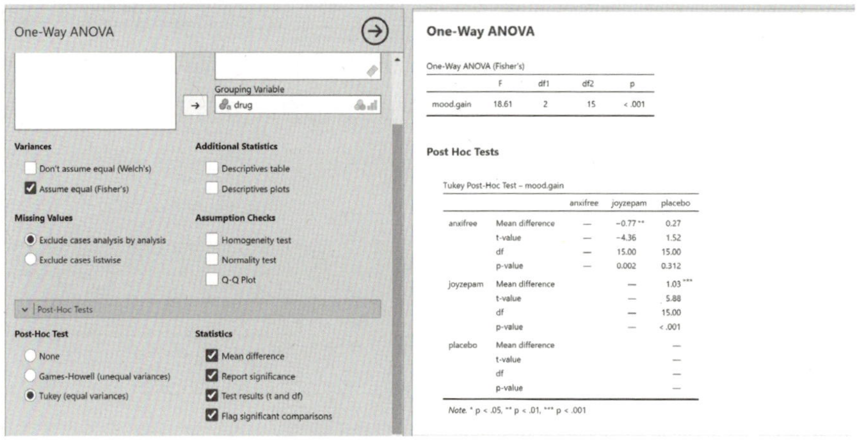

일원분산분석 실행 – 사후 분석

사후검사 결과 anxifree와 joyzepam에서 유의미한 차이(p=.002)가 있으며 joyzepam과 placebo에서도 유의미한 차이(p<.001)가 나타났습니다.

따라서 약의 종류에 따라 기분이 나아지는 정도에 유의미한 차이가 있으며, anxifree와 placebo에 비해 joyzepam의 효과가 유의미하게 높은 것으로 볼 수 있습니다.

연습문제

만 3, 4, 5세 유아들을 대상으로 연령에 따라 정서조절능력에 차이가 있는지 알아보고자 합니다. 각 반의 담임교사에게 유아의 연령과 정서조절능력에 대한 정도를 평정하도록 했습니다. 정서조절능력을 평가하는 척도는 5점 척도이며 점수가 높을수록 자신의 정서를 잘 조절한다고 볼 수 있습니다. 아래의 설문으로 만 3, 4, 5세 유아 10명씩 총 30명을 대상으로 진행했을 때의 데이터입니다. 일원분산분석을 실시하여 결과를 산출해 봅시다.

〈설문 내용〉

1. 유아의 연령은 몇 세입니까?
 ① 만 3세 ② 만 4세 ③ 만 5세

■ 다음 문항을 읽고 해당 유아의 모습을 평소에 관찰한 느낌 그대로 평가하여 주십시오.

〈정서조절능력〉

번호	문항내용	전혀 그렇지 않다	그렇지 않은 편이다	보통이다	그런 편이다	매우 그렇다
1	기분변화가 급격하다.					
2	원하는 것을 위해 기다릴 줄 안다.					
3	밝은 편이다.					
4	흥분을 조절할 수 있다.					

〈데이터〉

	ID	age	emotion1	emotion2	emotion3	emotion4
1	1	3	3	2	3	3
2	2	3	4	3	4	2
3	3	3	3	2	2	2
4	4	3	3	3	2	3
5	5	3	4	3	2	3
6	6	3	5	4	5	3
7	7	3	3	2	2	2
8	8	3	3	4	2	2
9	9	3	2	2	3	2
10	10	3	3	4	3	3
11	11	4	5	4	5	5
12	12	4	4	3	3	3
13	13	4	3	3	3	3
14	14	4	3	2	3	4
15	15	4	4	3	3	2
16	16	4	2	4	3	3
17	17	4	3	2	4	3
18	18	4	4	3	4	3
19	19	4	3	4	4	2
20	20	4	3	4	4	4
21	21	5	4	4	4	3
22	22	5	4	5	4	3
23	23	5	5	4	5	5
24	24	5	4	5	4	3
25	25	5	3	4	4	4
26	26	5	3	4	2	3
27	27	5	4	5	4	5
28	28	5	5	5	5	5
29	29	5	4	5	5	5
30	30	5	4	4	5	4

2. 이원분산분석

이원분산분석은 독립변수가 2개일 경우, 각 독립변수가 종속변수에 미치는 영향에 대해 알아볼 때 사용합니다. 이원분산분석에서는 종속변수에 대해 각 독립변수의 영향이 있는가를 보는 주효과뿐 아니라 두 독립변수의 상호작용이 있는지에 대한 상호작용효과도 볼 수 있습니다.

☑ 종속변수에 대한 모집단의 분포가 정규분포이어야 하며, 집단 간 모집단의 분산이 같아야 하는 등분산 가정이 충족되어야 실시할 수 있습니다.

앞서 교수 방법에 따른 사회 점수에 대한 일원분산분석을 했었죠? 여기에 학생의 학년 조건을 하나 더 추가하여, 독립변수를 교수 방법과 학년 두 가지로 해 봅시다. 그래서 교수 방법과 학년의 상호작용 효과를 보고자 합니다. 이제 교수 방법에 대한 사회 점수에서 학년에 따라 차이가 나타나는지 알아보기 위해 이원분산분석을 사용해 봅니다.

예제 학생들의 사회 시험 점수에 대해 교수 방법과 학년이 상호작용 효과가 있는가?

▶ 앞에서 했던 예제 데이터 '분산분석.csv' 파일로 계속 실습해 보겠습니다.

1열 : ID

2열 : instructional_method(교수방법) 독립변수

3열 : grade(학년) 독립변수

4열 : score(사회 시험 점수) 종속변수

(1) 분석하기 전에는 항상 각 변수 유형이 맞는지 확인하고 알맞게 설정해 줍니다. 여기에서는 score변수가 연속형으로 되어 있는지, instruction과 grade가 범주형으로 되어 있는지 확인합니다. 'score(시험점수)' 변수는 연속형 변수이므로 상단의 ❶ Variable – ❷ 'score' 선택 – ❸ Edit를 클릭하거나 Data – 'score' 선택 – Setup을 클릭 후 ❹ Measure type에서 Continuous로 변경합니다.

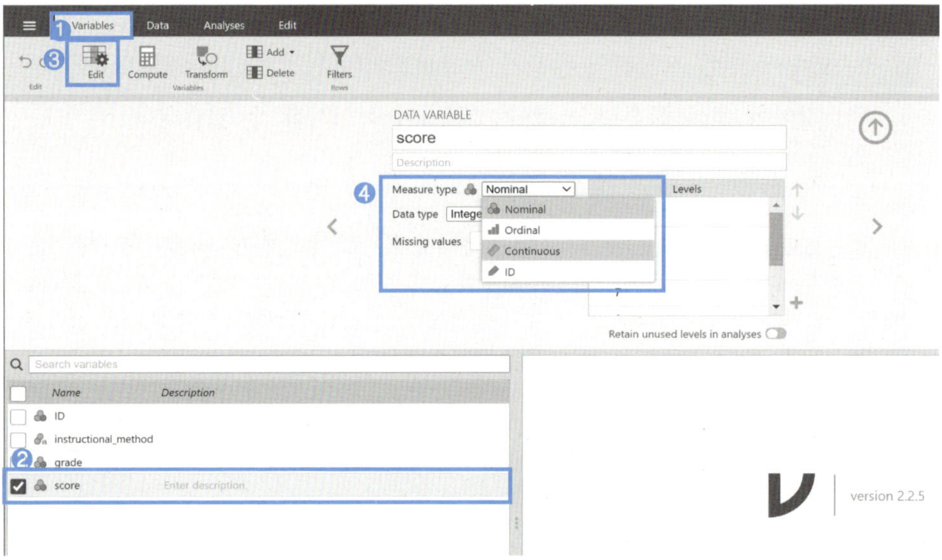

| 그림 5-9 | 변수 유형 설정

예제 데이터의 'grade' 변수에서 1은 1학년, 2는 2학년 학생 집단입니다.

(2) 먼저 분산분석을 하기 전에 기술통계를 실행하여 교수 방법과 학년별로 평균과 표준편차를 파악해 봅시다. ❶ Analyses – ❷ Exploration – ❸ Descriptives를 선택합니다.

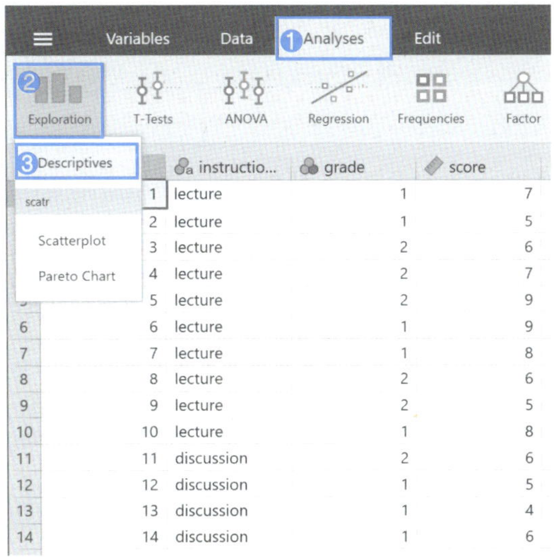

❙그림 5-10❙ 기술통계 실행

(3) 기술통계 분석 창에서 ❶ score를 Variables에 넣어주고 교수방법과 학년별로 보기 위해 ❷ instructional_method와 grade를 Spilt by로 보내줍니다.

❸ 아래 Statistics에서 N, Mean, Std. deviation을 선택하여 평균과 표준편차를 살펴 보도록 합니다.

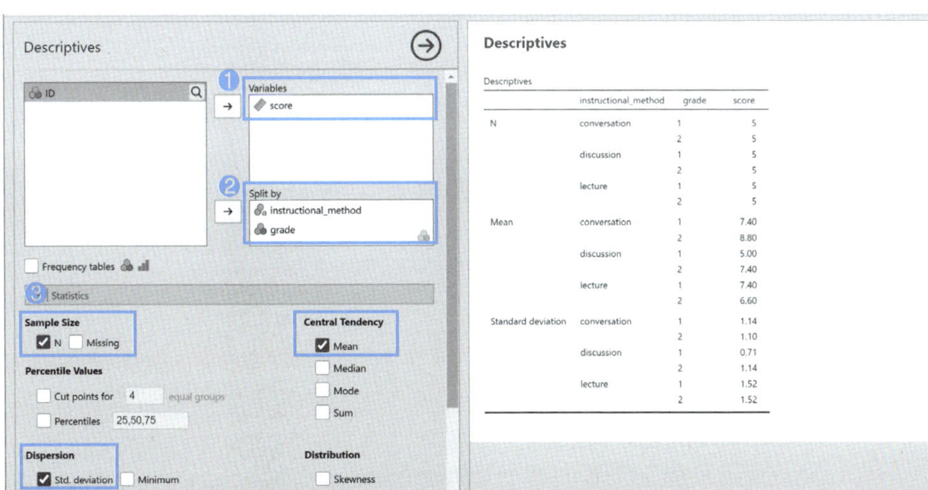

❙그림 5-11❙ 기술통계 분석 창 입력

1학년 학생 중 문답식 수업을 들은 학생들의 사회 점수 평균은 7.40(*SD*=1.14), 토의식 수업을 들은 학생의 평균은 5.00(*SD*=0.71), 강의식 수업을 들은 학생은 7.40(*SD*=1.52)입니다.

2학년 학생 중 문답식 수업을 들은 학생들의 사회 점수 평균은 8.80(*SD*=1.10), 토의식 수업을 들은 학생의 평균은 7.40(*SD*=1.14), 강의식 수업을 들은 학생은 6.60(*SD*=1.52)입니다.

+ Spilt by에 변수를 하나씩 넣어서 교수방법별로 평균과 표준편차를 살펴볼 수도 있고, 학년별로도 전체 평균과 표준편차를 볼 수 있습니다.

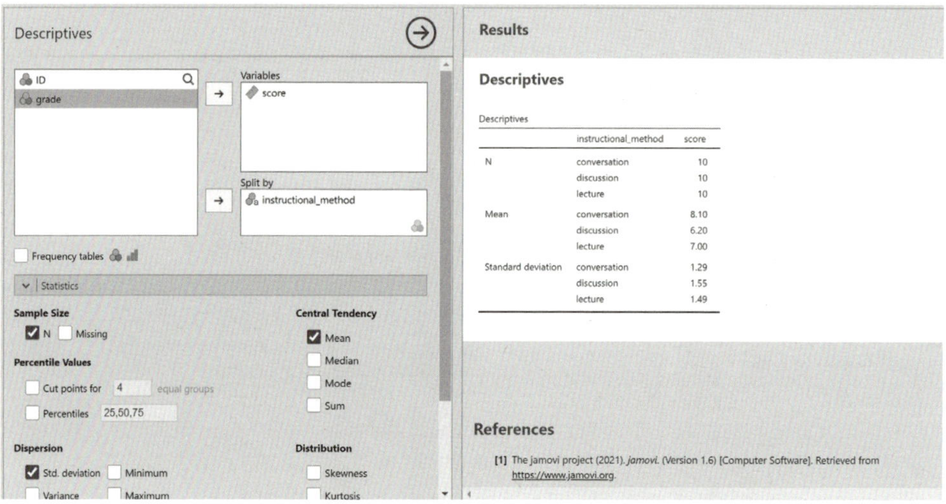

| 그림 5-12 | 기술통계 분석 창 입력 – 교수방법 별 평균, 표준편차

문답식으로 이루어진 수업을 들은 학생들의 점수 평균은 8.10(*SD*=1.29), 토의식은 6.20(*SD*=1.55), 강의식은 7.00(*SD*=1.49)입니다.

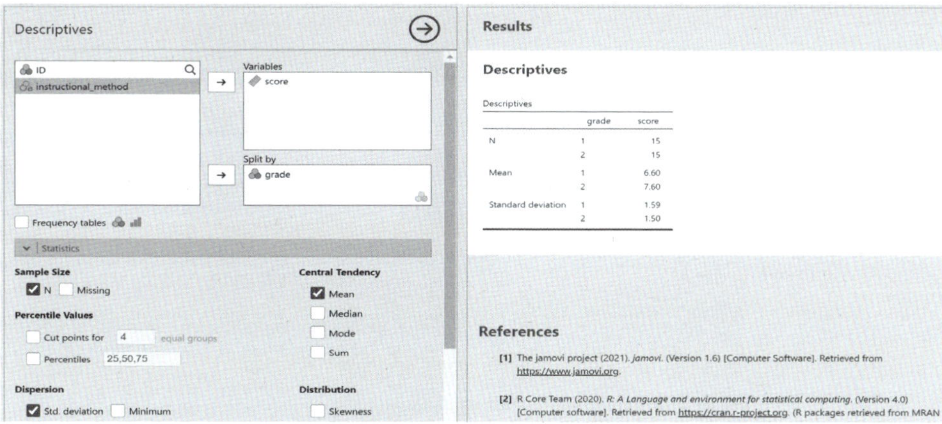

| 그림 5-13 | 기술통계 분석 창 입력 – 학년별 평균, 표준편차

1학년 전체 학생들의 평균은 6.60(*SD*=1.59), 2학년 전체 학생들의 평균은 7.60(*SD*=1.50)입니다.

(4) 이제 사회 시험 점수에 대해 교수방법과 학년의 상호작용효과가 있는지 알아보기 위해 ❶ Analyses – ❷ ANOVA – ❸ ANOVA를 클릭하여 분산분석을 실행해 봅니다.

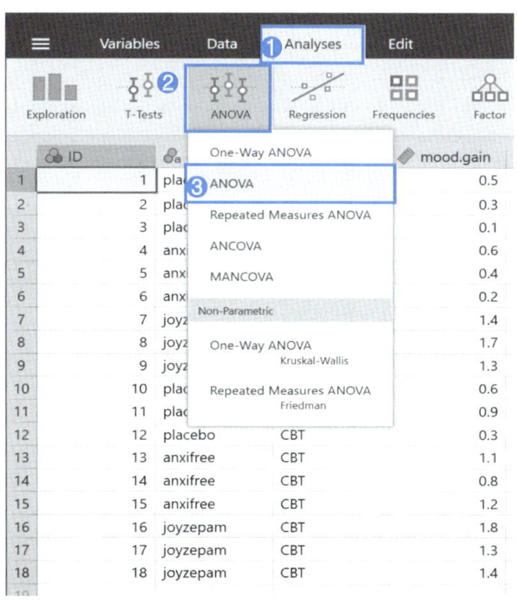

| 그림 5-14 | 분산분석 실행

(5) 분석창이 나타나면 종속변수인 ❶ score를 Dependent Variable(종속변수)로, ❷ 집단변수인 instructional_method(교수방법)과 grade(학년)를 Fixed Factors로 이동시켜 줍니다.

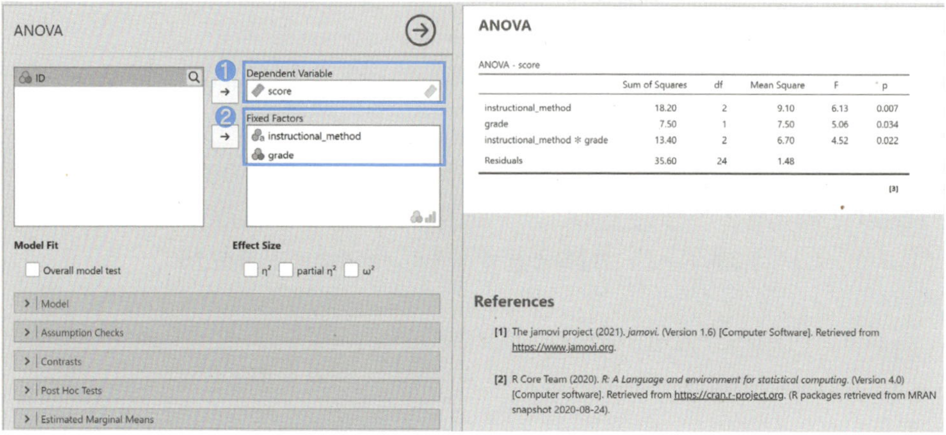

| 그림 5-15 | 분산분석 창 입력

결과창에 제곱합(*Sum of Squares*), 자유도(*df*), 평균제곱(*Mean Square*), *F*값, 유의확률(*p*)이 출력됩니다.

분석결과를 보면, 교수방법과 학년의 상호작용에 대한 *F*값은 4.52(p=.022)이며, .05에서 유의미한 차이가 있으므로, 사회점수에 대해 교수방법과 학년의 상호작용효과가 있습니다.

상호작용효과가 있을 때에는 이를 도표로 확인해 보아야 합니다.

그림을 보면, 1학년과 2학년의 평균이 토의와 강의에서 서로 교차하고 있습니다. 이럴 때에는 주효과를 분석하기보다는 각각의 학년에 따른 교수방법 간의 차이를 보아야 합니다. 이를 단순주효과라고 합니다.

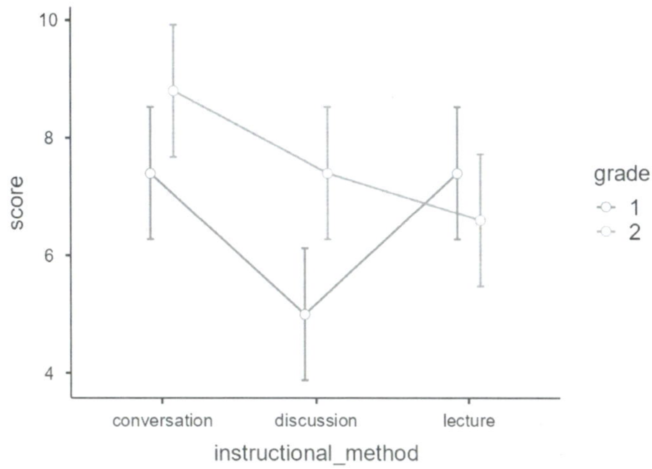

(6) 아래 ❶ Model 옵션을 클릭해 보면, instructional_method(교수방법)과 grade(학년)의 상호작용효과가 Model Terms에 자동으로 추가되어 있습니다. 아래 ❷ Sum of squares에는 Type3으로 기본설정이 되어 있습니다. Type3은 각 독립변수의 주효과와 상호작용 효과까지 계산을 합니다.

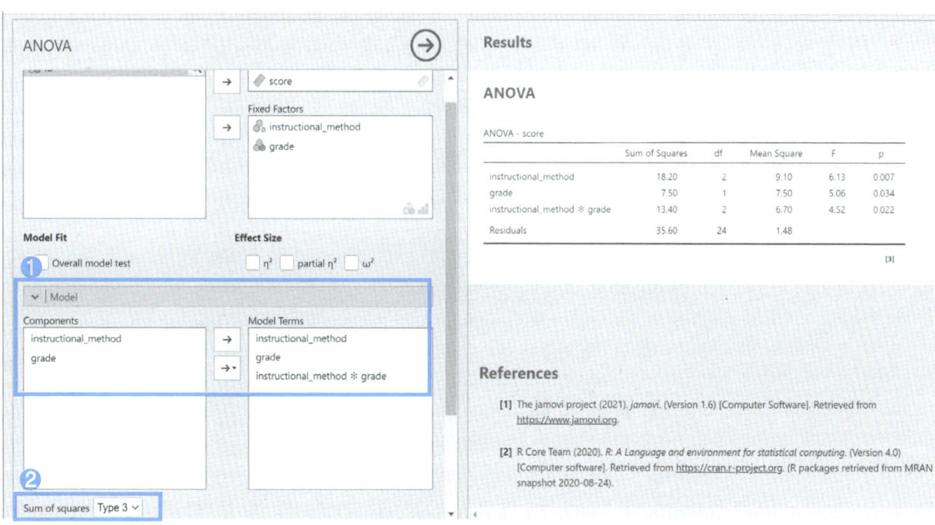

그림 5-16 분산분석 창 입력 – 주효과, 상호작용효과

(7) 먼저 분산분석의 가정을 점검해 봅시다. Assumption Checks에서 등분산 검정을 위한 Homogeneity test와 정규성 검정을 위한 Normality test, Q-Q plot을 선택합니다.

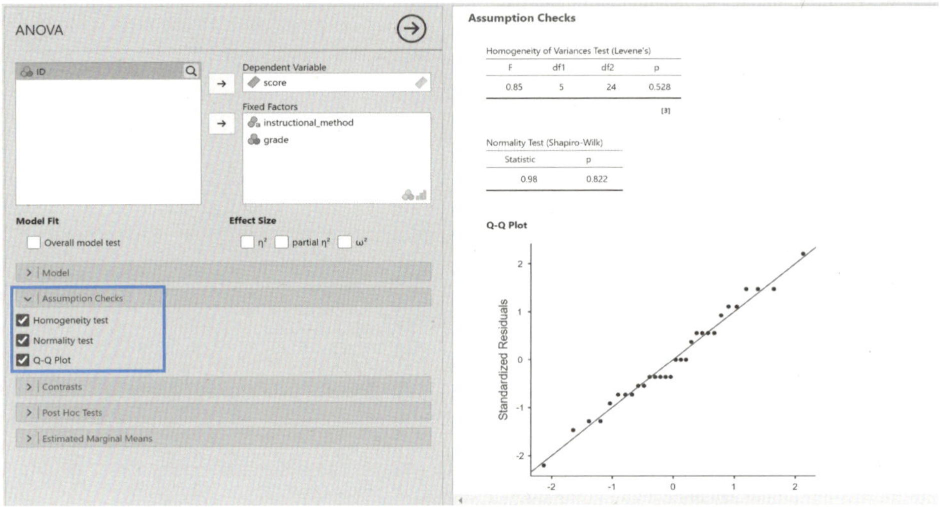

| 그림 5-17 | 분산분석 창 입력 – 등분산 검정, 정규성 검정, Q-Q plot

결과창에서 Normality test 정규성 검정의 p값은 0.822로 나타나 영가설을 기각하지 못했습니다. 따라서 정규분포와 근사하다고 볼 수 있으므로 정규성 검정이 확인되었습니다.

〈통계 검정 요약 – Shapiro-Wilk 정규성 검정〉

영가설 H_0 : 데이터의 분포가 정규분포를 따른다.
대립가설 H_1 : 데이터의 분포가 정규분포를 따르지 않는다.
검정통계량 W=0.98
p-value = .822 > 0.05
결정 : 데이터의 분포가 정규분포를 따른다.

Levene's 이질성 검정 결과 p값이 0.528로, p값이 .05보다 크게 나타났으므로 영가설을 기각하지 못했으므로 집단 간 분산이 유의미한 차이가 없다는 것을 알게 되었습니다. 등분산이 충족되었다는 의미이죠.

〈통계 검정 요약 - Levene's 등분산 검정〉

영가설 H_0 : 집단의 분산이 동일하다.
대립가설 H_1 : 집단의 분산이 동일하지 않다.
검정통계량 F=0.85
p-value = 0.528 > 0.05
결정 : 두 집단의 분산이 동일하다.

Q-Q plot은 정규성이 확보되면 직선의 형태로 그려지게 됩니다. 나타난 결과에서도 직선의 형태로 그려졌으며, 직선 주위에 데이터가 밀집되어 있으므로 정규성을 만족한다고 볼 수 있습니다.

(8) 그럼 앞서 출력되었던 결과값을 그대로 읽으면 됩니다. 효과크기(Effect size)도 함께 보도록 하겠습니다. jamovi에서는 에타제곱, 부분에타제곱, 오메가제곱값을 제공합니다. 이 중에서 우리는 오메가제곱값을 보도록 하겠습니다. 오메가제곱은 에타 제곱의 편향되지 않은 추정치라고 설명할 수 있는데 일반적으로 .01은 작은 크기, 0.06은 중간크기 .14는 큰 효과크기로 해석됩니다.

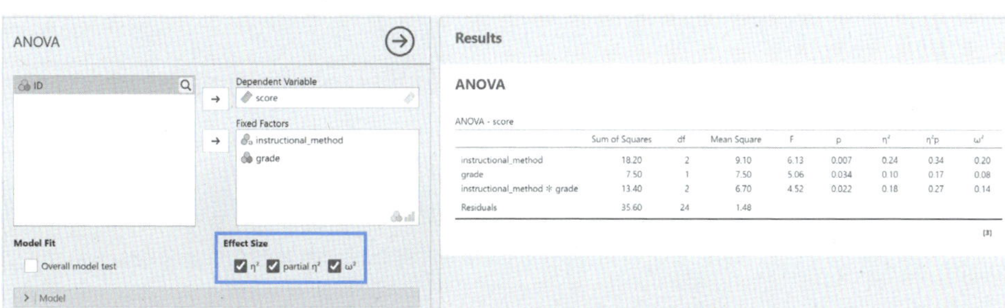

| 그림 5-18 | 분산분석 창 입력 - 효과크기

- 교수 방법과 학년의 상호작용효과에서 F=4.52, p=0.022, 오메가제곱은 0.14로 큰 효과크기로 나타나 상호작용효과가 있는 것으로 나타났습니다.

(9) 그럼 집단 간 사회 시험 점수의 차이를 그래프로 나타내 볼까요?

❶ estimated marginal means 옵션을 열어서 ❷ instructional_method와 grade를 오른쪽 Term1에 옮겨줍니다.

아래 Output에서 ❸ marginal means plots를 선택하고 오른쪽 ❹ Plot의 Error bar는 None으로 설정합니다.

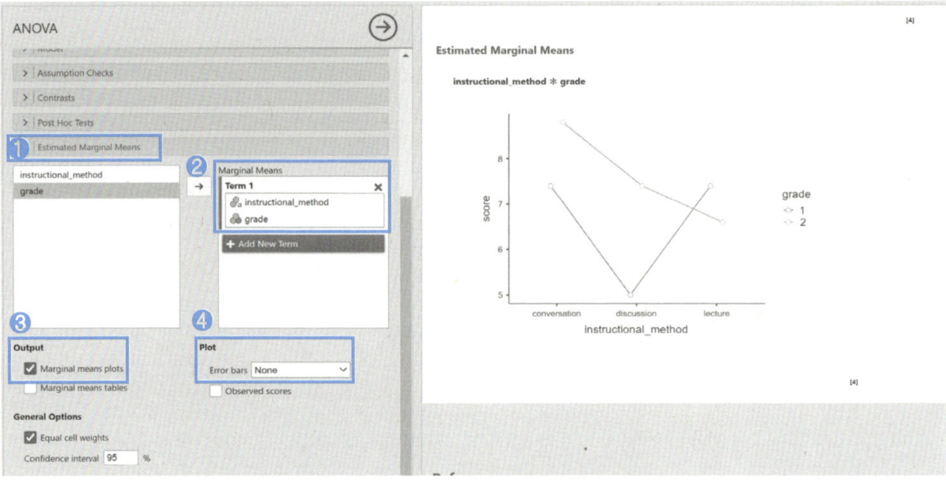

| 그림 5-19 | 분산분석 창 입력 – 그래프

그래프를 통해서도 상호작용이 존재하는지를 볼 수 있습니다. 구분선을 학년(grade)으로 하여 그린 결과입니다. 그래프에서 원점은 평균점수이며 신뢰구간이나 표준오차를 나타내도록 선택하면 원점 위아래로 막대가 표시됩니다. 1은 1학년 학생들의 점수, 2는 2학년 학생들의 점수입니다. 1학년 학생들의 경우 문답식과 강의식을 들은 학생들의 사회 점수는 비슷했으나 토의식의 경우 점수가 매우 낮았고, 2학년 학생들의 경우에는 토의식을 들은 학생들의 점수가 가장 높고 토의식, 강의식 순으로 나타나 1학년과 2학년 학생들의 점수 형태가 다른 모습을 보입니다. 그래서 1학년 학생들의 그래프는 V자 형태이며 2학년 학생들의 그래프는 완만하게 기울어진 형태의 선을 볼 수 있습니다. 이처럼 교수 방법에 따라 1학년과 2학년의 점수 차이가 다르기 때문에 상호작용효과가 있다는 것을 알 수 있습니다.

(10) 앞에서 그래프가 교차하는 것을 확인했기 때문에 일반 주효과분석(교수 방법의 차이, 학년의 차이)은 주의해서 해석해야 합니다. 일반적으로 상호작용효과가 있는 경우 상호작용효과가 주효과 간에 지금처럼 교차되어 나타나거나 그 간격이 매우 심하게 변화하면 주효과를 분리해서 점검해 보도록 합니다. 즉, 단순주효과분석이 필요합니다.

1학년 학생들의 사회 점수가 교수방법에 따라 차이가 있는지 알아보기 위해 1학년만 선택하여 일원분산분석을 실행합니다.

❶ Data – ❷ Filters를 선택하고 ❸ f_x를 클릭하면 ❹ Variables에서 학년에 해당하는 grade 변수를 클릭합니다. ❺ 1학년만 선택하기 위해 '==1'(주의 : 등호를 연속 두 개 입력해야 합니다)을 입력합니다.

그러면 가장 첫 번째 칼럼에 필터링된 결과가 나타납니다. 1학년 학생들만 초록색으로 체크가 되어 선택된 것을 볼 수 있습니다.

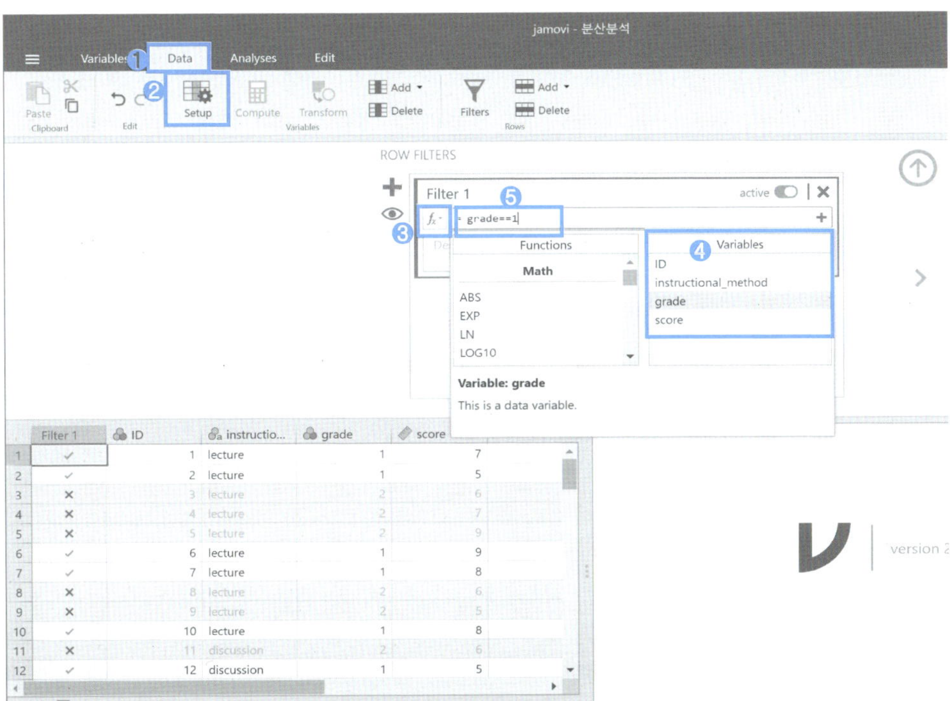

| 그림 5-20 | 단순주효과분석 – 필터링

(11) 필터링이 된 것을 확인 후 일원분산분석을 실시합니다. ❶ Analyses – ❷ ANOVA – ❸ One-Way ANOVA를 클릭합니다.

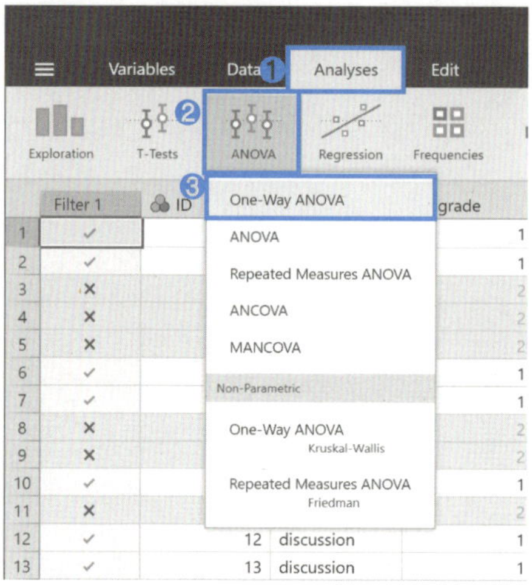

| 그림 5-21 | 단순주효과분석 – 일원분산분석 실행

(12) 분석창이 나타나면 교수방법에 따른 시험점수의 차이를 볼 것이므로 시험점수인 ❶ 'score'를 Dependent Variables(종속 변수)로, ❷ 'instructional_method'는 Grouping Variable(그룹 변수)로 옮겨줍니다. ❸ 그리고 등분산 검정을 위한 Homogeneity test를 선택하여 등분산이 확보되었는지 확인합니다.

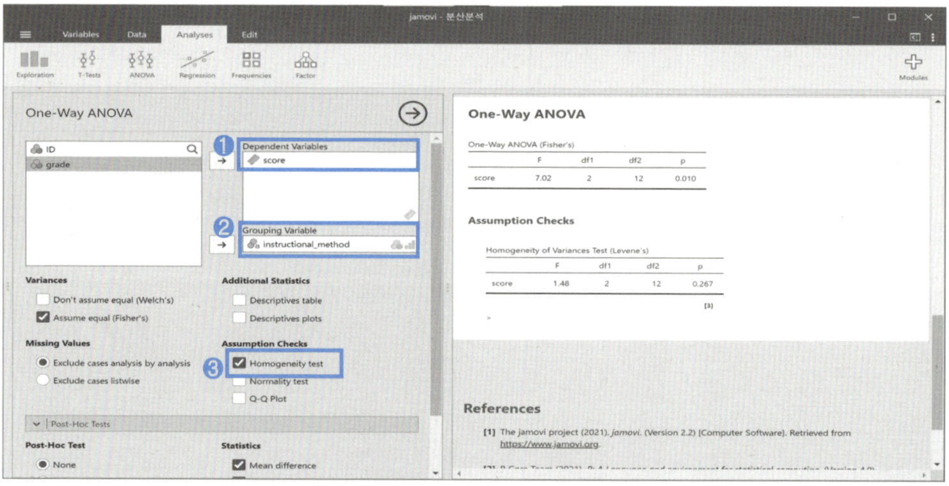

| 그림 5-22 | 단순주효과분석 – 일원분산분석 창 입력

Levene's 이질성 검정 결과 p값이 0.267로, p값이 .05보다 크게 나타났으므로 영가설을 기각하지 못해 등분산이 충족된 것을 확인했습니다. 따라서 우리는 Assume equal(Fisher's)를 선택합니다. 1학년 학생들의 교수법에 따른 사회점수의 차이는 F값이 7.02, p값은 .01이므로 유의미한 차이가 있는 것으로 나타났습니다.

(13) 유의미한 차이가 있는 것으로 나타났으므로 사후 분석을 실행합니다.

❶ Post-Hoc Tests에서 ❷ Tukey(앞에서 등분산을 확인했으므로)를 선택합니다.

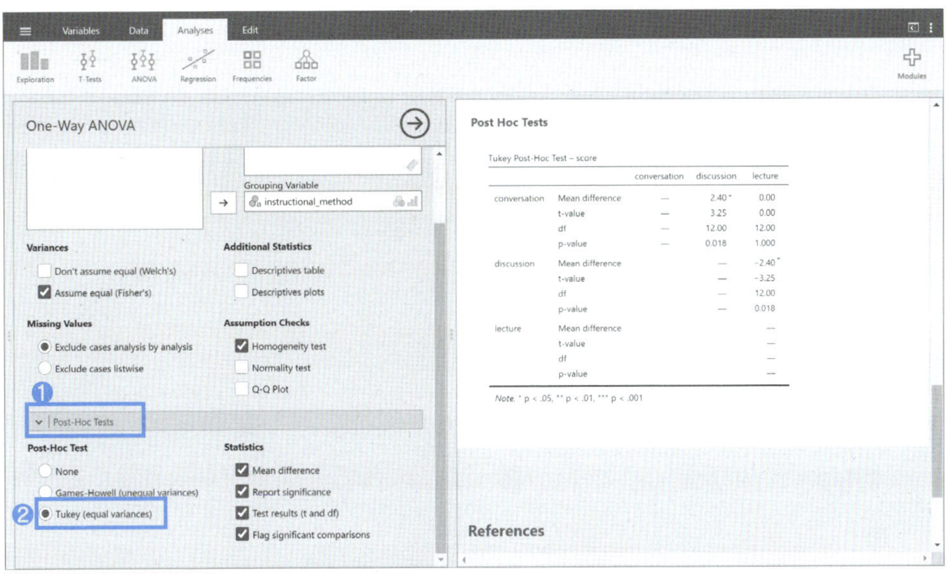

| 그림 5-23 | 단순주효과분석 – 사후분석

사후분석 결과 1학년 학생들의 사회 점수에서 토의식과 문답식, 토의식과 강의식 간에 유의미한 차이가 있는 것으로 나타났습니다.

(14) 이번에는 2학년 학생들에 대해 교수방법에 따른 일원분산분석을 실행해 봅니다. 앞에서와 동일하게 필터링 기능을 통해 2학년만 선택한 후 일원분산분석을 해보도록 할게요.

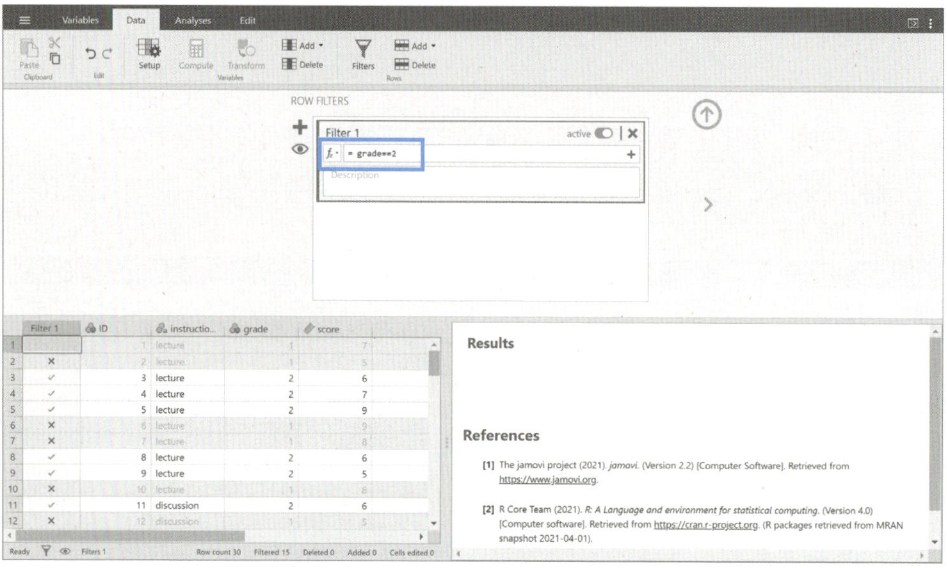

| 그림 5-24 | 단순주효과분석 - 필터링

(15) 필터링이 된 것을 확인 후 일원분산분석을 실시합니다. Analyses - ANOVA - One-Way ANOVA를 클릭하고, ❶ 'score'를 Dependent Variables(종속 변수)로, ❷ 'instructional_method'는 Grouping Variable(그룹 변수)로 옮겨줍니다. ❸ Homogeneity test(이질성 검사)를 체크하여 등분산 조건이 충족되었는지 확인해 봅니다.

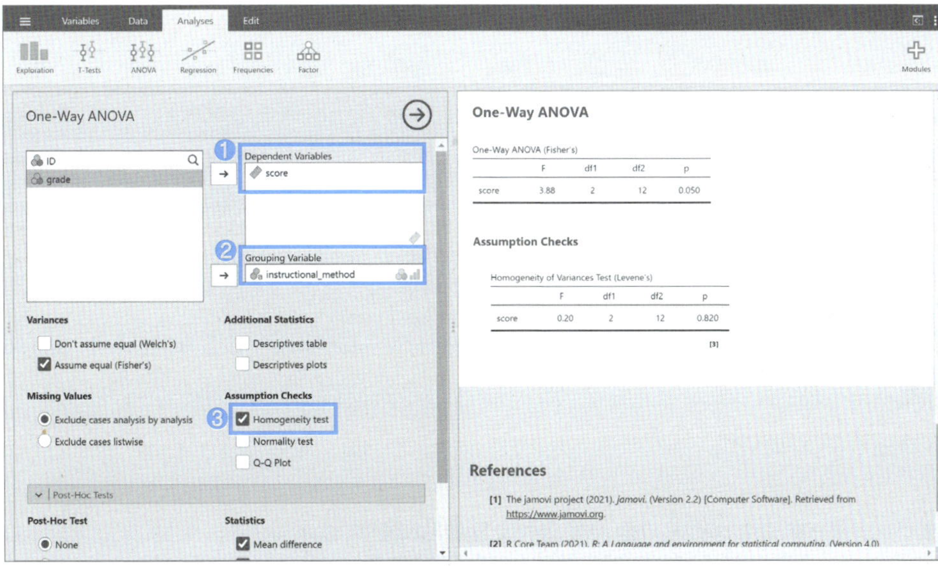

| 그림 5-25 | 단순주효과분석 – 일원분산분석 창 입력

Homogeneity test 결과, 등분산이 충족되었으므로(p=.820) Fisher의 값을 봅니다. F값이 3.88, p값은 .05이므로 유의미한 차이가 없는 것으로 나타났습니다.

따라서 2학년 학생들의 사회점수는 교수방법에 따라 유의미한 차이가 없는 것으로 볼 수 있습니다.

결과 보고

그럼 이제 보고서 양식으로 작성해 보도록 할게요.

학생들의 사회 점수에 대해 교수 방법과 학년, 그리고 교수방법과 학년의 상호작용효과가 있는지 알아보기 위해 이원분산분석을 실시한 결과는 다음과 같다.

〈표 5-2〉 사회 점수에 대한 교수 방법과 학년의 이원분산분석

종속변인	독립변인	제곱합	자유도	평균제곱	$F(p)$	ω^2
사회 점수	교수방법	18.20	2	9.10	6.13(0.007)	0.20
	학년	7.50	1	7.50	5.06(0.034)	0.08
	교수방법*학년	13.40	2	6.70	4.52(0.022)	0.14

사회 점수에 대한 교수방법과 학년의 상호작용의 F값은 3.51(p=0.046)로 유의수준 .05에서 통계적으로 유의하게 나타나 사회 점수에 대해 교수 방법과 학년의 상호작용효과가 있는 것으로 나타났다. 상호작용의 효과크기는 오메가제곱값이 0.14로 큰 효과크기를 나타냈다.

〈표 5-3〉 학년별 교수 방법에 따른 사회 점수의 단순주효과분석 결과

종속변수	학년	교수방법	N	M	sd	F	p	사후검정 Tukey
사회 점수	1학년	강의식	5	7.40	1.14	7.02	.01	문답식, 강의식>토의식
		토의식	5	5.00	0.71			
		문답식	5	7.40	1.52			
	2학년	강의식	5	6.60	1.52	3.88	.05	
		토의식	5	7.40	1.14			
		문답식	5	8.80	1.10			

단순주효과분석 결과, 1학년 학생들의 교수방법에 따른 사회 점수의 차이가 유의미한 것으로 나타났다(F=7.02, p=.01). 사후 검증 결과, 문답식과 강의식이 토의식과 유의미한 차이가 나타났으므로, 1학년 학생들에게 토의식보다 강의식과 문답식의 방법이 효과적임을 알 수 있다.

2학년 학생들의 교수 방법에 따른 사회 점수의 차이는 유의미하지 않은 것으로 나타났다(F=3.88, p=.05).

실습해 보세요

01 lsj데이터 중 'Clinical Trial' 데이터를 이용하여 이원분산분석을 실습해 봅시다. 약의 종류(drug)와 테라피 여부에 따라 기분(mood.gain)이 어떻게 달라졌는지를 보고자 합니다. 위약(placebo)과 anxifree, joyzepam 세 종류인 약물과 CBT를 받은 집단과 받지 않은 집단으로 구분된 테라피 여부의 상호작용효과를 보도록 하겠습니다.

1) 먼저 데이터를 열어봅시다. Open – Data Library – Clinical Trial 파일을 클릭합니다.

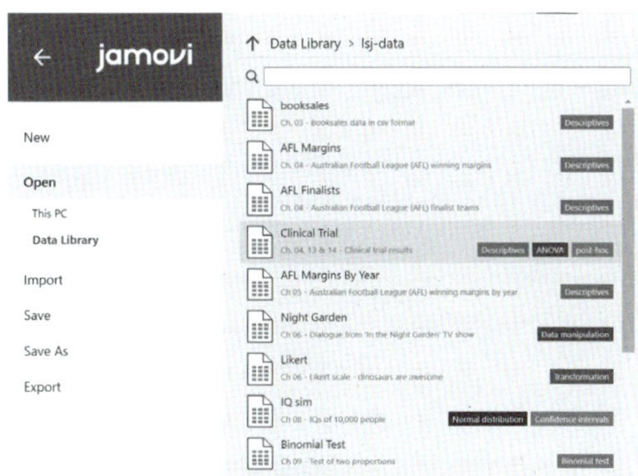

Clinical Trial 데이터 열기

2) 기술통계를 실행하여 집단별로 평균과 표준편차를 살펴봄으로써 각 집단의 특성을 알아봅니다.

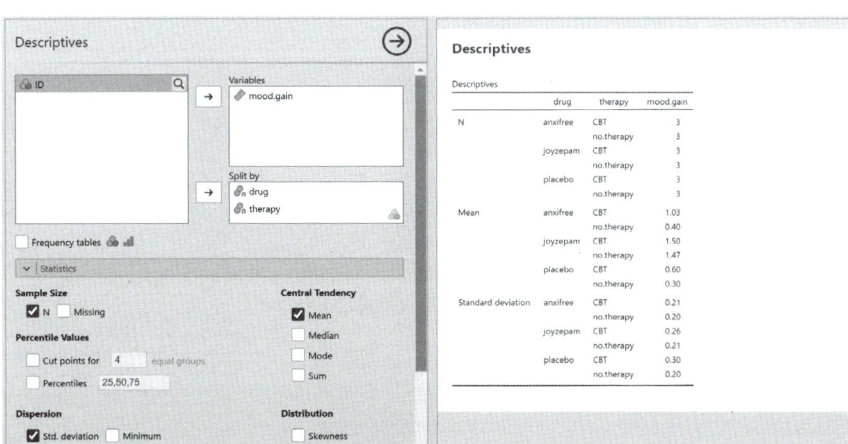

기술통계 실행

3) Analyses - ANOVA - ANOVA를 클릭하여 분산분석을 위한 분석창을 엽니다.

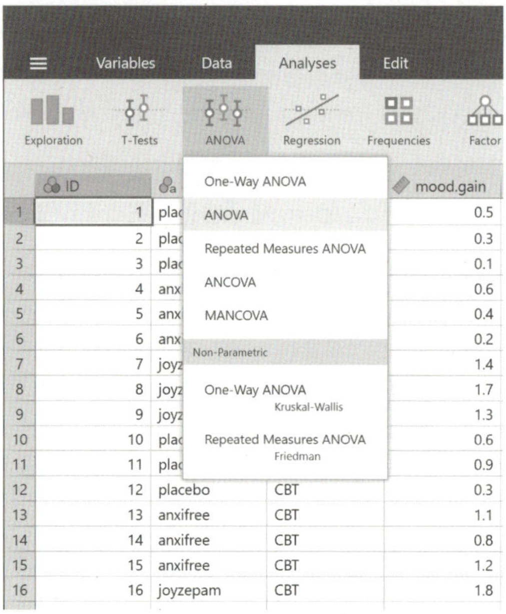

분산분석 실행

4) 분석창이 나타나면 종속변수인 mood.gain을 Dependent Variable(종속변수)로, 집단변수인 drug(처방약)와 therapy(처치방법)를 Fixed Factors로 이동시켜 줍니다.

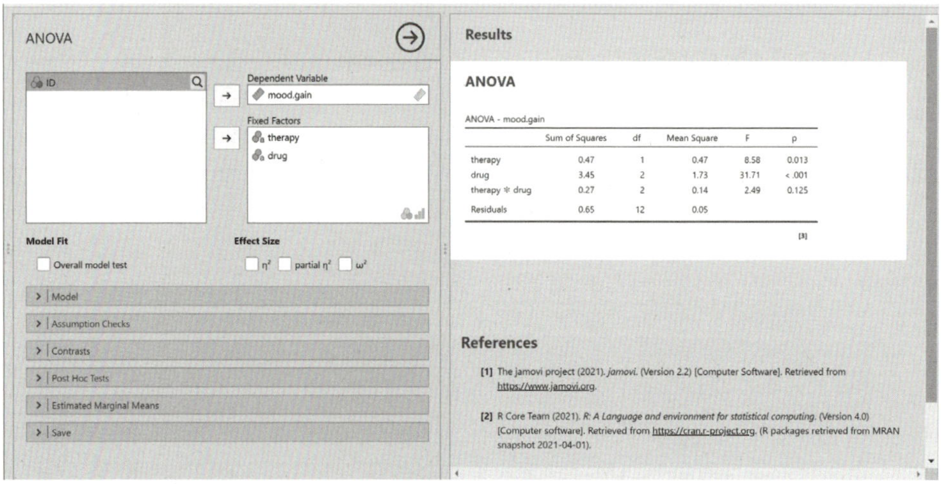

분산분석 창 입력

5) 분산분석을 하기 위해 먼저 Homogeneity test(동질성 검정)와 Normality test(정규성 검정), Q-Q plot을 선택합니다.

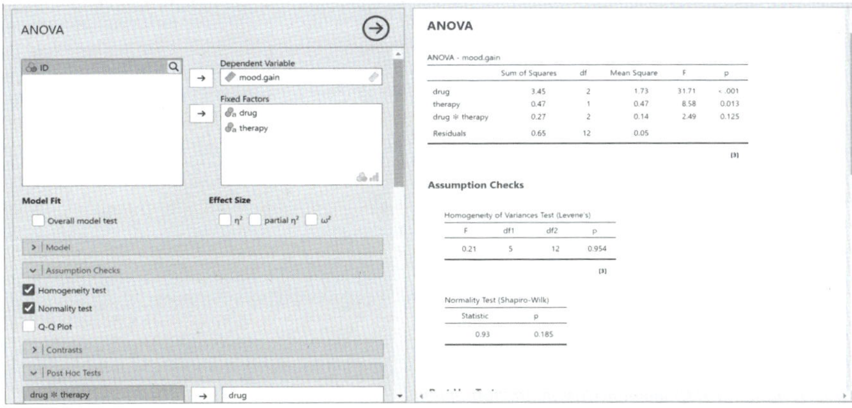

분산분석 창 입력 – 동질성 검정, 정규성 검정, Q-Q plot

분석 결과 정규성 검정 결과 Shapiro-Wilk의 W값은 0.93, p값은 0.185로 유의확률이 .05보다 크기 때문에 영가설을 받아들여 정규분포 가정이 성립된다고 볼 수 있습니다. 또한 Levene's 동질성 검정에서 F값이 0.21, p값이 0.954으로, 유의확률이 .05보다 크기 때문에 영가설을 받아들여 등분산이 확보되었습니다.

6) 분산분석 실행

등분산이 충족되고 정규성이 확보되었으므로 이원분산분석을 실행합니다.

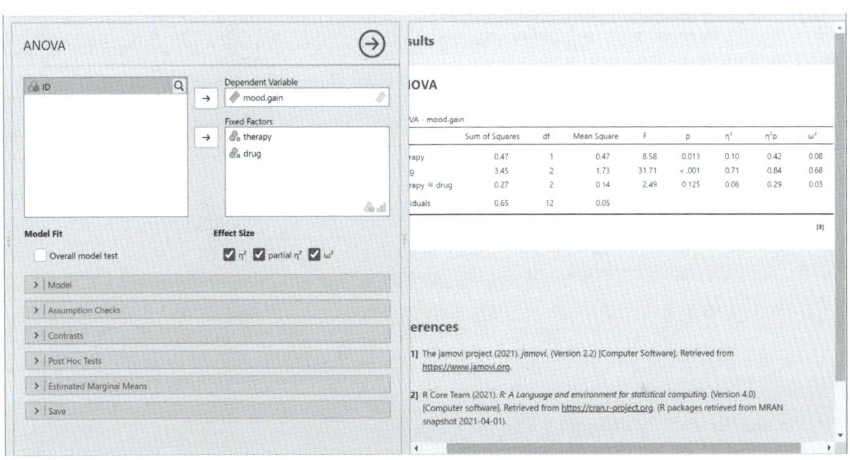

분산분석 창 입력 – 이원분산분석 결과, 효과크기

약물과 테라피의 상호작용효과는 *F*값이 2.49(p = 0.125)로, 유의수준이 .05보다 크게 나타났으므로 상호작용효과가 없는 것으로 나타났습니다. 그래프를 그려보아도 약간 겹치는 모습이 보이기는 하지만 처치와 관계없이 약물 간의 차이를 보이고 있습니다. 따라서 이제 주효과를 분석해도 됩니다.

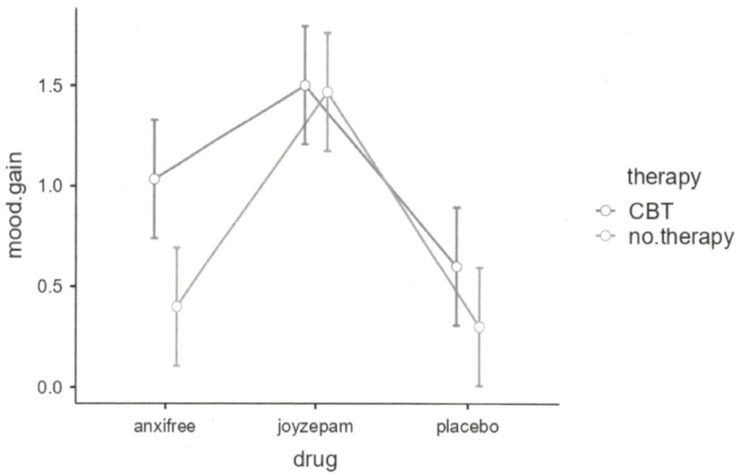

약물과 테라피의 상호작용 그래프

주효과인 약물의 차이에 따른 기분이 나아지는 효과에서는 *F*값이 31.71(p < .001)로 유의수준 .05에서 유의미한 차이가 있었으며, 오메가제곱값은 0.68로 큰 효과크기를 나타냈습니다.

테라피 여부에 따른 효과에서 *F*값은 8.58(p=0.013)로, .05에서 유의미한 차이가 있었으며, 오메가제곱값은 0.08로 중간 정도의 효과크기를 나타냈습니다.

연습문제

만 3, 4, 5세 유아들을 대상으로 연령과 성별에 따라 정서조절능력에 차이가 있는지 알아보고자 합니다. 각 반의 담임교사에게 유아의 연령과 성별, 정서조절능력에 대한 정도를 평정하도록 했습니다. 정서조절능력을 평가하는 척도는 5점 척도이며 점수가 높을수록 자신의 정서를 잘 조절한다고 볼 수 있습니다. 아래의 설문으로 만 3, 4, 5세 유아 10명씩 총 30명을 대상으로 진행했을 때의 데이터입니다. 분산분석을 실시하여 결과를 산출해 봅시다.

〈설문 내용〉

1. 유아의 연령은 몇 세입니까?
   ① 만 3세 ② 만 4세 ③ 만 5세

2. 유아의 성별은 무엇입니까?
   ① 남 ② 여

■ 다음 문항을 읽고 해당 유아의 모습을 평소에 관찰한 느낌 그대로 평가하여 주십시오.

〈정서조절능력〉

번호	문항내용	전혀 그렇지 않다	그렇지 않은 편이다	보통이다	그런 편이다	매우 그렇다
1	기분변화가 급격하다.					
2	원하는 것을 위해 기다릴 줄 안다.					
3	밝은 편이다.					
4	흥분을 조절할 수 있다.					

〈데이터〉

	ID	age	gender	emotion1	emotion2	emotion3	emotion4
1	1	3	2	3	2	3	3
2	2	3	2	4	3	4	2
3	3	3	1	3	2	2	2
4	4	3	2	3	3	2	3
5	5	3	2	4	3	2	3
6	6	3	1	5	4	5	3
7	7	3	1	3	2	2	2
8	8	3	2	3	4	2	2
9	9	3	1	2	2	3	2
10	10	3	1	3	4	3	3
11	11	4	2	5	4	5	5
12	12	4	1	4	3	3	3
13	13	4	2	3	3	3	3
14	14	4	2	3	2	3	4
15	15	4	2	4	3	3	2
16	16	4	1	2	4	3	3
17	17	4	1	3	2	4	3
18	18	4	1	4	3	4	3
19	19	4	2	3	4	4	2
20	20	4	1	3	4	4	4
21	21	5	2	4	4	4	3
22	22	5	1	4	5	4	3
23	23	5	2	5	4	5	5
24	24	5	2	4	5	4	3
25	25	5	1	3	4	4	4
26	26	5	2	3	4	2	3
27	27	5	2	4	5	4	5
28	28	5	1	5	5	5	5
29	29	5	1	4	5	5	5
30	30	5	1	4	4	5	4

06
CHAPTER

상관관계 분석 (Correlation Analysis)

06
CHAPTER

상관관계 분석(Correlation Analysis)

두 연속변수 간의 관련성을 알아보기

Analyses – Regression – Correlation Matrix

이 장에서 사용되는 데이터 파일 : 〈상관분석.csv〉, 〈Parenthood.csv〉, 〈상관관계연습.csv〉

* Parenthood.csv는 모듈추가창에서 lsj-data-learning statistics 모듈을 추가하면 파일 불러오기 메뉴의 Data Library에서 찾을 수 있음

개념

상관관계 분석은 두 변수 간에 상관관계가 있는지를 파악하고, 그 관계의 정도를 알아보는 방법입니다. 두 변수 간 관련이 있는지를 보기 위해 한 변수가 변할 때(수치가 증가하거나 감소할 때) 다른 변수가 어떻게 변화하는지를 알아보는 것입니다. 즉, 두 변수가 함께 변하는 정도라고 볼 수 있습니다.

두 변수가 모두 연속변수일 때에는 Pearson의 상관계수 r을 구하여 사용하고, 두 변수가 모두 서열변수일 때에는 Spearman의 등위상관계수 ρ를 사용합니다.

jamovi로 쉽게 분석하기

'초품아'라는 말 한 번쯤 들어보셨죠? 초등학교를 품고 있는 아파트를 줄인 말인데요. 어린 아이를 키우고 있는 가정에서는 초등학교가 가까울수록 좋기 때문에 학교와의 거리와 집값이 관계가 있을 것이라고 생각해 볼 수 있습니다. 그래서 정말 학교에서 집까지의 거리와 집값이 상관관계가 있는지 알아보려고 합니다.

예제 집-초등학교까지의 거리와 집값은 상관관계가 있는가?

▶ 예제 데이터 '상관분석.csv'를 불러옵니다.

상관분석 예제 데이터는 30개 케이스로 구성되었고, 학교부터 집까지의 거리는 미터(m)를 단위로 하였으며, 변수 제목은 'distance'입니다. 집값은 천만 원 단위이며, 변수 제목은 'house'입니다.

1열 : ID

2열 : distance(집-초등학교까지의 거리)

3열 : house(집값)

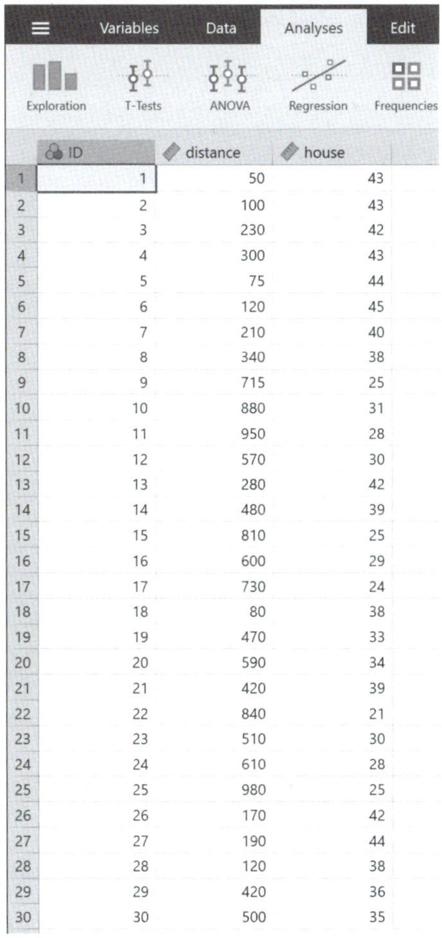

	ID	distance	house
1	1	50	43
2	2	100	43
3	3	230	42
4	4	300	43
5	5	75	44
6	6	120	45
7	7	210	40
8	8	340	38
9	9	715	25
10	10	880	31
11	11	950	28
12	12	570	30
13	13	280	42
14	14	480	39
15	15	810	25
16	16	600	29
17	17	730	24
18	18	80	38
19	19	470	33
20	20	590	34
21	21	420	39
22	22	840	21
23	23	510	30
24	24	610	28
25	25	980	25
26	26	170	42
27	27	190	44
28	28	120	38
29	29	420	36
30	30	500	35

| 그림 6-1 | 상관관계 분석 예제 데이터

(1) 분석하기 전에는 항상 각 변수 유형이 맞는지 확인하고 알맞게 설정해 줍니다. 'distance(거리)'와 'house(집값)' 변수는 연속형 변수이므로 두 변수를 한 번에 유형을 설정할 경우, 상단의 ❶ Variables – ❷ 'distance', 'house' 선택 – ❸ Edit – ❹ Measure type에서 유형을 'Continuous'로 선택합니다.
또는 Data – 'distance', 'house' 선택 – Setup을 클릭 후 Continuous로 설정할 수도 있습니다.

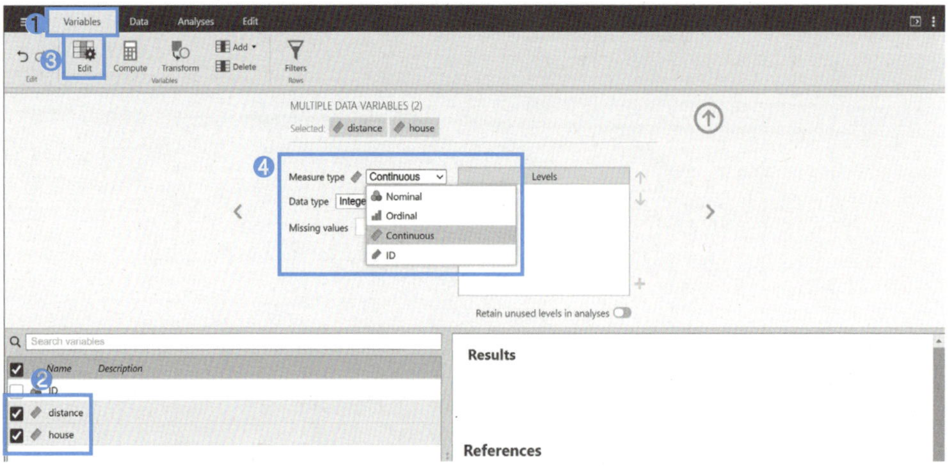

|그림 6-2| 변수 유형 설정

Plus Tip

jamovi에서 .csv 파일을 불러올 때에는 변수 유형이 매번 바뀌지만 jamovi 자체 저장방식인 .omv 파일로 저장하면 한 번 지정한 변수유형은 변하지 않는다. 아울러 .omv 파일에는 통계결과내용도 함께 저장할 수 있어 재현 가능성이 매우 높다.

(2) 상관관계 분석을 실행하기 위해 ❶ Analyses – ❷ Regression – ❸ Correlation Matrix를 클릭합니다.

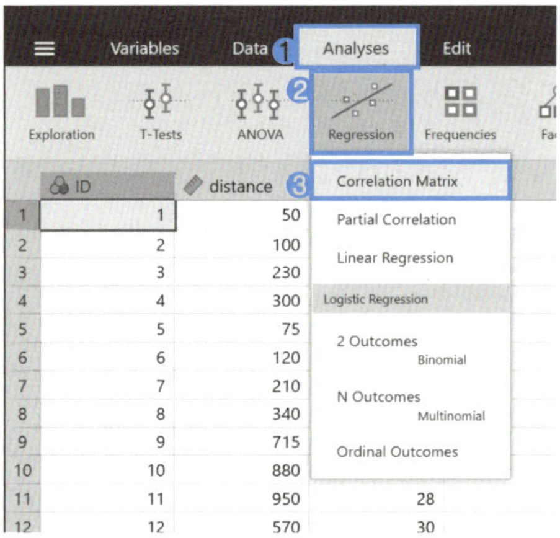

|그림 6-3| 상관관계 분석 실행

(3) 분석창이 나타나면 ❶ distance(거리)와 house(집값) 탭을 더블 클릭하거나, 선택 후 중간 화살표를 클릭하여 오른쪽 상자로 이동해 줍니다. 기본적으로 Pearson의 상관계수를 구하는 것으로 설정되어 있습니다. 우리는 연속형 변수 간의 상관관계를 볼 것이므로 그대로 두면 됩니다.

- Pearson 두 변수 간의 선형관계를 분석하며 두 변수 모두 연속형일 때 사용합니다.
- Spearman 두 변수 간의 연관 관계를 분석하며 주로 두 변수 모두 순서형일 때 사용합니다.
- Kendall's tau-b Spearman가 유사하지만 데이터 수가 적을 때나 같은 순위가 많을 때 사용합니다.

❷ Additional Options(추가 옵션)에서 유의미한 상관에 표시를 해주는 Flag significant correlations과 N, Confidence intervals(신뢰구간)에도 체크해 봅시다.

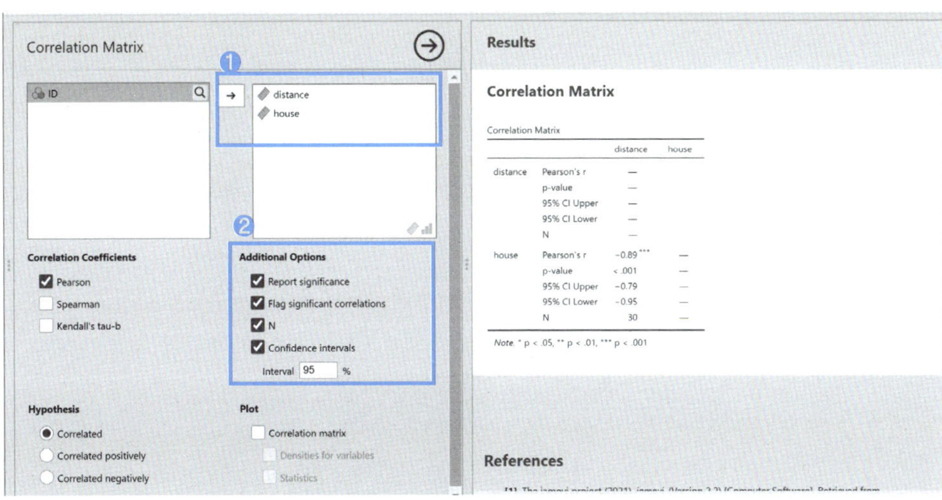

		distance	house
distance	Pearson's r	—	
	p-value	—	
	95% CI Upper	—	
	95% CI Lower	—	
	N	—	
house	Pearson's r	-0.89 ***	—
	p-value	< .001	—
	95% CI Upper	-0.79	—
	95% CI Lower	-0.95	—
	N	30	—

Note. * p < .05, ** p < .01, *** p < .001

| 그림 6-4 | 상관관계 분석 창 입력

결과를 살펴보면 r값이 -0.89, 유의확률 p는 <.001로 나타나 .05에서 유의미한 차이가 있습니다. 상관계수 r이 음수이기 때문에 부적 상관관계가 있습니다. 따라서 집부터 초등학교까지의 거리와 집값이 상관관계가 높으며, 초등학교까지의 거리가 멀수록 집값은 낮은 것으로 해석할 수 있습니다.

Plus Tip

경우에 따라서는 r값이 -0.89가 아니라 -.894로 나오는 경우가 있을 것이다. 이는 계산의 오류는 아니며 설정의 문제이다. 메뉴 상단 우측의 ⋮을 클릭하면 Results라는 메뉴가 나오고 여기서 Number format을 클릭하면 decimal place에서 소수점 2자리로 표시할지 3자리로 표시할지 선택할 수 있다.

그리고 유의미한 상관관계가 있는 수치에 * 표시가 된 걸 확인할 수 있습니다. 여기에서는 두 변수의 상관관계를 보았지만 여러 개의 상관을 보게 될 경우 * 표시가 되어 있으면 한눈에 유의미한 상관관계를 파악하기에 아주 편리하겠죠?
신뢰구간 또한 하한값(95% CI Lower)과 상한값(95% CI Upper)이 제시되었습니다. 여기에서는 신뢰구간이 -0.79~-0.95로 나타났습니다. 신뢰구간에서 0을 포함하지 않기 때문에 유의미한 상관관계를 확인할 수 있습니다.

- Additional Options
- Report significance p-value를 산출합니다.
- Flag significant correlations 유의미한 상관계수에 별표(*)를 표시합니다.
- N 사례수를 출력합니다.
- Confidence intervals 신뢰구간을 산출해주며, 기본적으로 95%로 고정되어 있고 직접 입력도 가능합니다.

(4) 그래프도 함께 그려봅시다.

Plot에서 Correlation Matrix와 Densities for variables, Statistics에 체크합니다.

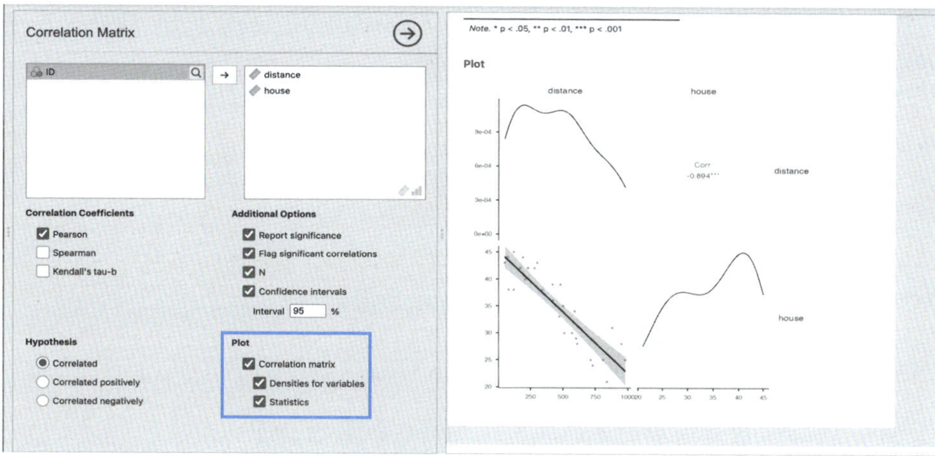

| 그림 6-5 | 상관관계 plot

상관관계 매트릭스 플롯이 만들어졌습니다. 각 변수 간의 상관관계 그래프와 상관계수도 표시가 됩니다. 산점도를 보면 관계의 방향과 정도를 시각적으로 더 잘 파악할 수 있겠죠?

표본 사례의 경우 집값의 그래프(좌측 상단)를 보면 두 곳이 볼록하게 나온 것을 보아 두 군데 정도에 사례수가 몰려 있는 것을 볼 수 있습니다. 거리 그래프의 경우(우측 하단)에는 가까운 거리에 사례가 많이 있고 거리가 멀어질수록 급격히 사례 수가 떨어지고 있는 것을 알 수 있습니다.

거리와 집값의 상관에 대한 그래프(좌측 하단)를 보면 학교와의 거리가 멀어질수록 집값이 낮아지는 것을 볼 수 있습니다. 분석 내용을 정리하면 〈표 6-1〉과 같습니다.

〈통계 검정 요약 - 상관관계 분석〉

영가설 H_0 : 초등학교에서 집까지의 거리와 집값은 서로 상관관계가 없다.

대립가설 H_1 : 초등학교에서 집까지의 거리와 집값은 서로 상관관계가 있다.

검정통계량 r=-0.89

p-value =<.001

결정 : 초등학교에서 집까지의 거리와 집값은 서로 부적 상관관계가 있다.

결과 보고

집에서 초등학교까지의 거리와 집값이 관련이 있는지 알아보기 위해 Pearson의 상관관계 분석을 실시하여 두 변수 간의 상관관계를 알아보았다.

〈표 6-1〉 초등학교와의 거리와 집값의 상관관계

	집-학교까지의 거리	집값
집-학교까지의 거리	1	
집값	-0.894***	1

집에서 초등학교까지의 거리와 집값은 높은 부적 상관관계를 나타냈다(r = -0.894, $p < .001$). 따라서 집과 초등학교의 거리가 가까울수록 집값이 비싸다고 할 수 있다.

Plus Tip

상관관계분석에서 영가설은 '상관계수가 0이다'입니다. 즉, 통계적으로 유의미하다는 뜻은 '상관계수가 0이 아니다'입니다. 따라서 상관계수 분석에서는 단순히 통계적으로 유의하다, 유의하지 않다보다는 상관계수의 크기에 주목해야 합니다. 상관계수값은 -1~1까지로 -1이나, 1에 가까워질수록 상관관계가 높다는 뜻이고 0에 가까울수록 상관관계가 낮다는 뜻입니다.

명확한 기준은 없지만 대체로 0~0.2정도는 상관관계가 없거나 너무 약한 정도, 0.2~0.4는 약한 정도, 0.4~0.7은 중간 정도, 0.7~0.9는 강한 정도의 상관, 0.9~1.0은 매우 강한 상관으로 볼 수 있습니다. 다만, 명확한 기준이 있는 것은 아니기 때문에 연구자가 연구 상황에 따라 판단해야 합니다.

또한 상관계수는 두 변수 간의 관계의 정도를 뜻하는 것이지 한 변수가 다른 변수의 인과관계가 있음을 검증하는 것은 아닙니다. 해석할 때 주의하여야 합니다.

실습해 보세요

01 lsj데이터 중 'Parenthood' 데이터를 이용하여 상관관계 분석을 실습해 봅시다. 아기의 수면시간과 아버지의 수면시간, 아버지의 까칠한 정도가 상관이 있는지 알아보고자 합니다.

1) 먼저 데이터를 열어봅시다. Open – Data Library – Parenthood 파일을 클릭합니다.

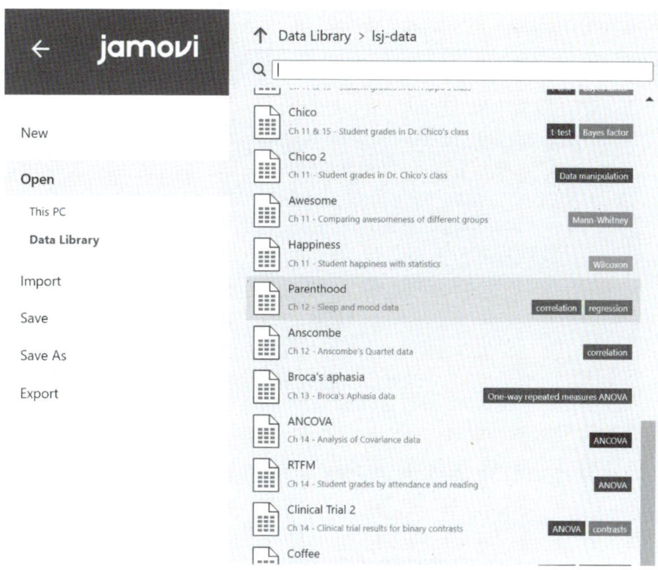

Parenthood 데이터 열기

2) 'dan.sleep'이 아버지의 수면시간, 'baby.sleep'이 아기의 수면시간, 'dan.grump'가 아버지의 까칠함의 정도로 0이 전혀 까칠하지 않음, 100으로 갈수록 까칠함이 높은 것입니다. 변수의 유형을 세 개 모두 연속형 변수로 설정해 줍니다.
Variables – 변수 선택 – Edit – Measure type에서 유형을 'Continuous'로 선택합니다.

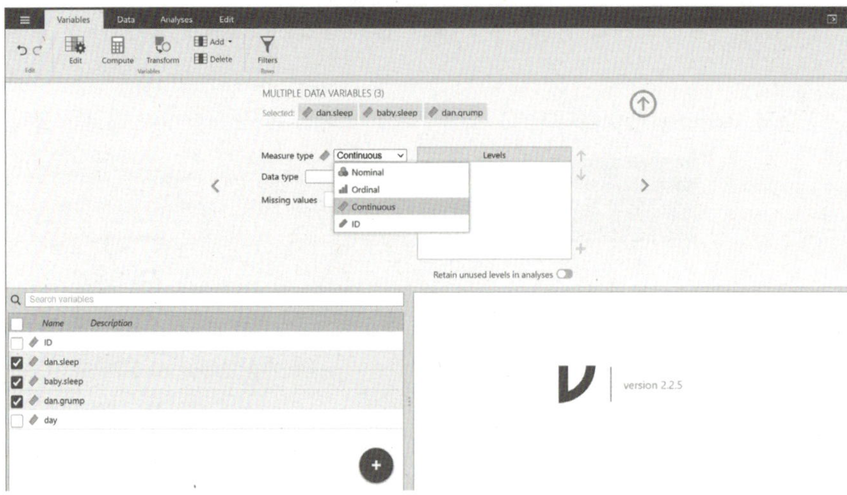

변수 유형 설정

3) 상관관계 분석을 실행하기 위해 Analyses – Regression – Correlation Matrix를 클릭하고 분석창에 세 개의 변수를 모두 오른쪽으로 옮겨줍니다.

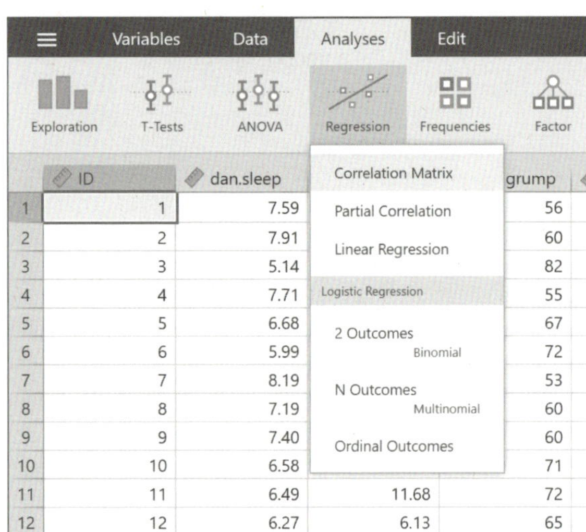

상관관계 분석 실행

4) 추가 옵션에서 유의미한 상관에 표시를 해주는 Flag significant correlations과 N, 신뢰구간에도 체크해 봅시다.

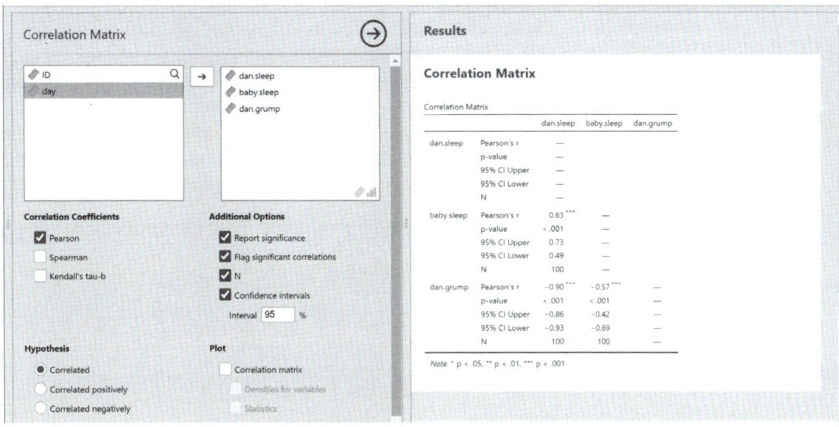

상관관계 분석 – 추가 옵션 선택

아버지의 수면시간과 아기의 수면시간 간에는 유의한 양(+)의 상관관계가 나타났다(r = 0.63, p<.001). 아버지의 수면시간과 아버지의 까칠함의 정도는 유의한 음(−)의 상관관계가 나타났다(r = -.90, p<.001). 아기의 수면시간과 아버지의 까칠함의 정도는 유의한 음(−)의 상관관계가 나타났다(r = -.57, p<.001).

5) 그래프도 함께 그려봅시다.

Plot에서 Correlation Matrix와 Densities for variables, Statistics에 체크합니다.

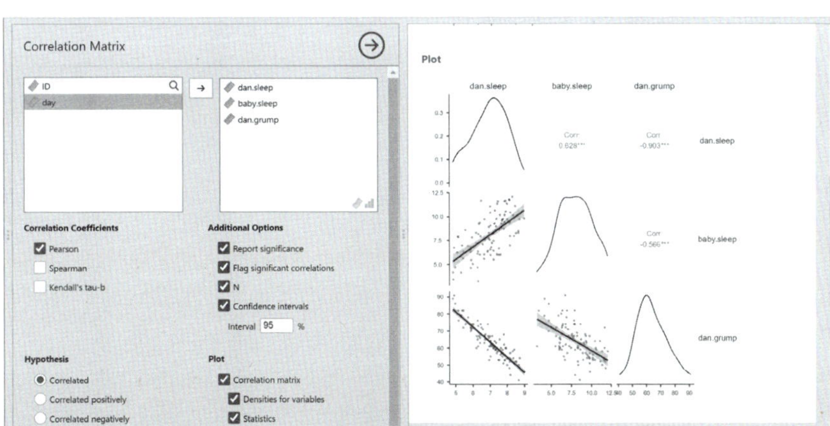

상관관계 분석 – plot

연습문제

초등학생의 학습동기와 자기주도학습능력이 상관관계를 갖고 있는지 알아보기 위해 초등학교 6학년 학생 10명에게 학습동기와 자기주도학습능력에 대해 평정하도록 했습니다. 모두 5점 척도이며 점수가 높을수록 학습 동기와 자기주도학습능력이 높은 것입니다. 이 데이터를 통해 학습동기와 자기주도학습능력이 서로 상관관계가 있는지 알아보고자 합니다. 다음의 설문으로 초등학교 6학년 학생 10명에게 평정하도록 한 결과를 가지고 상관관계 분석을 해봅시다.

〈설문 내용〉

■ 다음 문항을 읽고 오른쪽 대답 중에서 평소 자신의 생각이나 느낌에 가까운 것을 골라주세요.

〈학습동기〉

번호	문항내용	전혀 그렇지 않다	그렇지 않은 편이다	보통이다	그런 편이다	매우 그렇다
1	나는 나의 학습 수준이 어떻게 되는지를 알고 이를 좋게 생각한다.					
2	나는 시험을 볼 때 내 실력을 모두 발휘할 수 있다.					
3	나는 공부에 있어 우수한 학생이라고 생각한다.					
4	나는 열심히 노력하면 좋은 성적을 받을 수 있다.					

〈자기주도적 학습능력〉

번호	문항내용	전혀 그렇지 않다	그렇지 않은 편이다	보통이다	그런 편이다	매우 그렇다
1	나는 공부할 때 중요한 내용을 되풀이하면서 외운다.					
2	나는 새로운 개념을 공부할 때 구체적인 예를 떠올려 본다.					
3	나는 공부할 때 관련된 내용들끼리 묶어본다.					
4	나는 글을 쓴 후에 목적에 맞게 썼는지 다시 살펴본다.					

〈데이터〉

	ID	motive1	motive2	motive3	motive4	self1	self2	self3	self4
1	1	4	4	5	5	5	4	5	5
2	2	2	3	3	4	4	3	4	4
3	3	5	4	3	4	4	5	4	4
4	4	4	3	4	4	3	3	4	3
5	5	3	2	3	4	4	3	2	3
6	6	4	3	5	5	4	5	4	4
7	7	2	3	4	4	3	4	4	4
8	8	4	5	4	5	4	5	4	5
9	9	4	4	4	4	3	4	5	3
10	10	3	4	2	4	3	4	4	4

07
CHAPTER

회귀분석 (Regression Analysis)

07
CHAPTER

회귀분석(Regression Analysis)

변수들 간의 인과관계 알아보기

Analyses – Regression – Linear Regression

이 장에서 사용되는 데이터 파일 : 〈회귀분석.csv〉, 〈Parenthood.csv〉, 〈회귀연습.csv〉

* Parenthood.csv는 모듈추가창에서 lsj-data-learning statistics 모듈을 추가하면 파일 불러오기 메뉴에서 Data Library에서 찾을 수 있음

개념

회귀분석은 두 변수가 일관된 관계일 때 하나 이상의 변수를 이용하여 다른 변수의 값을 예측하는 분석방법입니다. 독립변수와 종속변수 간의 관계에 대해 회귀모델을 수립하여 두 변수 간의 영향력을 알 수 있으며, 두 변수 간 선형 관계가 있을 때 관계를 알려주는 직선 방정식을 찾아내어 우리가 모르는 값도 예측할 수 있습니다. 회귀분석에서 독립변수가 하나일 때는 단순회귀분석, 독립변수가 2개 이상일 때는 다중회귀분석으로 구분합니다.

회귀분석을 실행하기 위해 갖추어져야 할 조건이 있습니다. 회귀분석은 독립변수와 종속변수가 선형관계를 유지하고 있어야 합니다. 또한 등분산성과 잔차의 정규분포가 만족되어야 합니다. 다중회귀분석에서는 독립변수들 사이에 다중공선성이 없어야 합니다. 다중공선성은 독립변수들 간에 높은 상관관계가 있을 때 분석 시 부정적인 영향을 미치는 현상을 말합니다.

jamovi로 쉽게 분석하기

1. 단순회귀분석

단순회귀분석은 하나의 독립변수와 하나의 종속변수 사이에 관계가 있는지 분석하는 방법으로, 독립변수로 인해 종속변수가 변하는가를 보기 위한 것입니다.

다음의 사례로 단순회귀분석을 해봅시다.

> 스마트폰은 누구나 갖고 있겠지요? 대중교통을 이용하면서, 누군가를 기다리면서 또는 길을 걸어가면서도 스마트폰에서 눈을 떼지 못하는 사람들이 많습니다. 그만큼 우리는 하루에 스마트폰을 이용하는 시간이 참 많은데요. 스마트폰을 자주 이용하다 보니 눈이 피로해지는 현상도 느껴집니다. 그래서 하루 중 스마트폰을 이용하는 시간이 눈의 피로도에 영향을 미치는가를 알아보려고 합니다.

예제 스마트폰 이용 시간이 눈의 피로도에 영향을 미치는가?

▶ 예제 데이터 '회귀분석.csv'를 불러옵니다.

회귀분석 예제 데이터는 30개 케이스로 구성되었고, 예측 변수는 스마트폰 사용 시간이며 하루에 사용하는 평균 시간에 대한 데이터입니다. 변수 제목은 'time'입니다. 종속변수는 눈의 피로도이고 눈이 피로한 정도를 1점부터 9점까지 평정한 것이며, 점수가 높을수록 눈이 피로도가 높다고 볼 수 있습니다. 변수 제목은 'eye'입니다.

1열 : ID

2열 : time(스마트폰 사용 시간) 예측변수

3열 : screen(화면 크기)

4열 : bright(화면 밝기)

5열 : eye(눈의 피로도) 종속변수

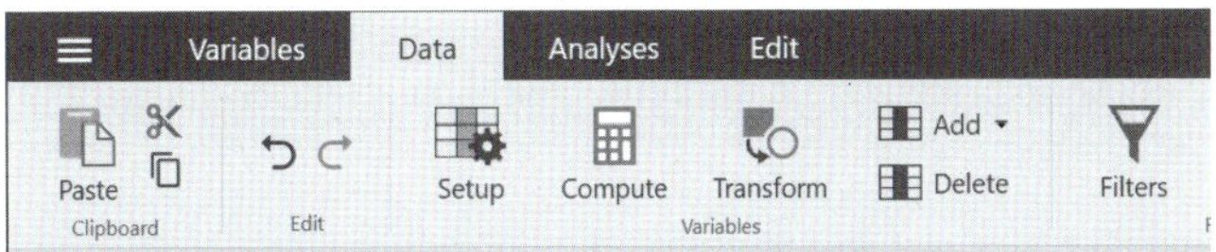

	ID	time	screen	bright	eye
1	1	4.8	5	5	7
2	2	3.9	6	5	5
3	3	3.1	5	4	6
4	4	5.3	4	6	8
5	5	1.7	7	7	4
6	6	3.1	6	6	5
7	7	4.5	5	5	6
8	8	2.8	5	6	5
9	9	4.6	5	7	5
10	10	2.2	7	8	4
11	11	1.0	7	7	2
12	12	2.4	7	6	2
13	13	5.0	5	2	7
14	14	4.9	5	5	8
15	15	5.5	6	5	9
16	16	3.5	5	4	7
17	17	4.4	5	2	8
18	18	2.4	5	7	6
19	19	4.9	5	6	7
20	20	2.7	6	6	4
21	21	1.9	7	7	3
22	22	2.0	7	6	4
23	23	2.1	6	7	5
24	24	4.0	6	6	6
25	25	2.9	6	5	6
26	26	5.8	5	3	7
27	27	1.9	7	8	2
28	28	1.1	7	9	2
29	29	0.9	7	5	1
30	30	1.3	7	6	3

| 그림 7-1 | 회귀분석 예제 데이터

(1) 데이터를 불러오면 각 변수들을 유형에 알맞게 설정해 줍니다.

'time(시간)', 'eye(눈의 피로도)' 변수는 연속형 변수이므로 상단의 ❶ Variable – ❷ 'time', 'eye' 선택 – ❸ Edit를 클릭하거나 Data – 'time', 'eye' 선택 – Setup 클릭 후 ❹ Measure type에서 Continuous로 변경합니다.

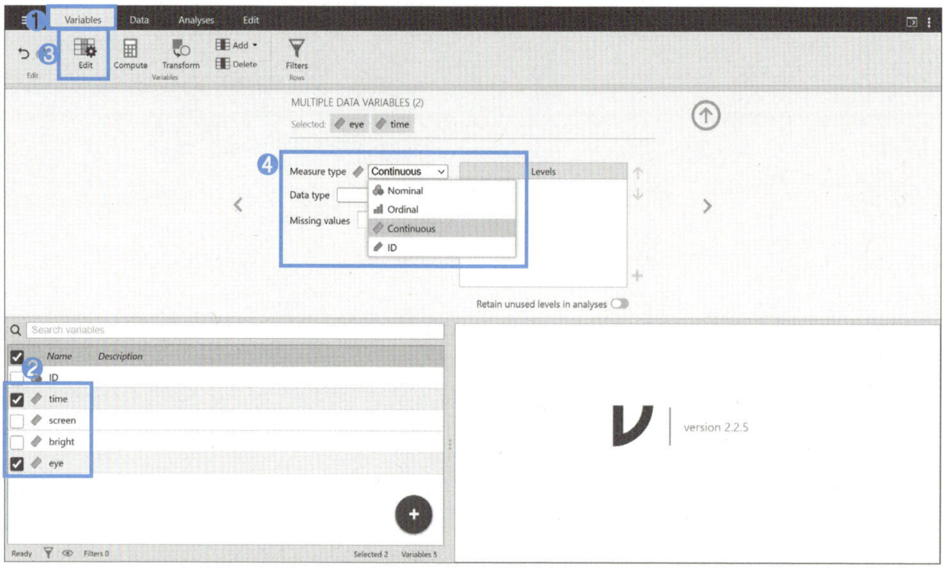

| 그림 7-2 | 변수 유형 설정

(2) 두 변수가 관계가 있는지 알아보고 회귀분석에 적합한지 판단하기 위해 회귀분석에 앞서 상관관계 분석을 먼저 해보도록 하겠습니다. 상관관계 분석을 위해 ❶ Analysis – ❷ Regression – ❸ Correlation Matrix를 선택합니다.

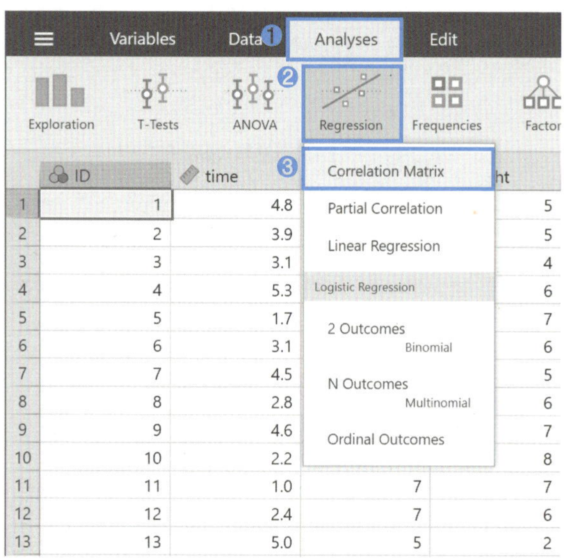

| 그림 7-3 | 상관관계 분석 실행

(3) 상관관계 분석을 실행하기 위해 ❶ time과 eye 변수를 오른쪽 분석창으로 옮겨줍니다. 그리고 ❷ Additional Options에서 Report significance, Flag significant correlations를 선택합니다.

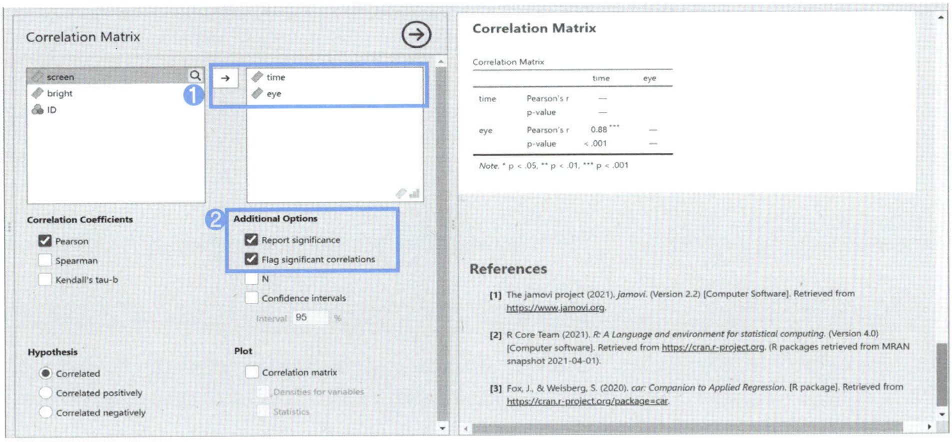

그림 7-4 상관관계 분석 창 입력

스마트폰을 사용하는 시간과 눈의 피로도의 상관관계를 분석한 결과, Pearson의 r값은 .88(p<.001)로 독립변수와 종속변수 간의 상관관계가 유의미한 것으로 나타났습니다.

(4) 그럼 이제 회귀분석을 실행해 보도록 하겠습니다. 회귀분석을 실행하기 위해 ❶ Analyses – ❷ Regression – ❸ Linear Regression을 클릭합니다.

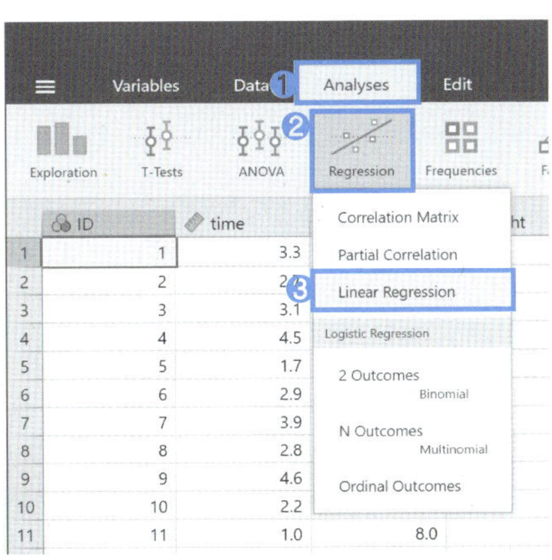

그림 7-5 회귀분석 실행

(5) 스마트폰 사용 시간에 따른 눈의 피로도를 알아보기 위해 time(시간)을 Covariates에 넣고 eye(눈의 피로도)를 Dependent Variable(종속 변수)에 넣습니다.
변수가 연속형 변수일 때에는 Covariates에, 변수가 명목형 변수일 때는 Factors에 넣어줍니다. 입력창 오른쪽 하단에 어떤 변수가 들어갈 수 있는지 그림으로도 표시가 되어있는 것을 볼 수 있습니다.

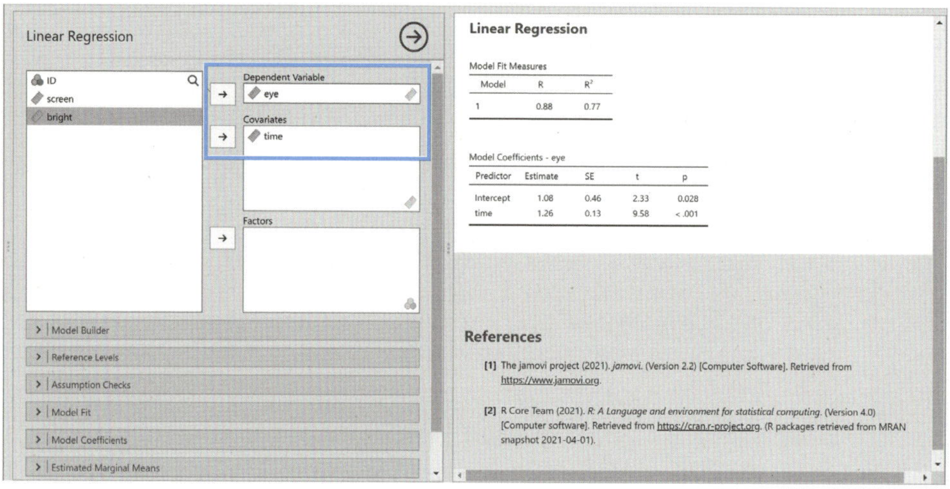

| 그림 7-6 | 회귀분석 창 입력

변수를 넣으면 Jamovi에서 Model Fit에 R과 R^2이 선택되어 있으므로 값이 출력됩니다.

- R 적률상관계수로 독립변수와 종속변수 간에 얼마나 상관이 있는가를 나타내 주는 값입니다.
- R^2 독립변수가 종속변수를 얼마나 설명해 주는지를 나타내는 정도인 설명력을 의미하며, 적률상관계수를 제곱한 값입니다.

스마트폰 사용 시간과 눈의 피로도 간의 적률상관계수인 R값은 0.88로 정적 상관관계를 보이고 있습니다. 앞에서 살펴본 상관계수값과 동일함을 알 수 있습니다. 단순회귀분석의 경우 이처럼 동일한 값이 나오게 됩니다. R^2은 R을 제곱한 값인 0.77로, 스마트폰 사용 시간이 눈의 피로도를 77% 설명하고 있습니다.

(6) 회귀분석을 위한 기본 가정을 체크하여 검정해 보도록 합니다. Assumption Checks에서 Autocorrelation test(오차항 상관 검정)과 Normality test(정규성 검정), 그리고 Cook's distance(쿡의 거리)를 체크해 줍니다.

- Autocorrelation test 오차항의 자기상관을 알아보기 위한 것으로 만약 오차항 간에 상관이 있다면 분석 결과에 문제가 생기게 됩니다. Durbin-Watson 검정 결과값을 알려주며, DW통계치가 2에 가까우면 오차항의 독립성 가정이 위배되지 않은 것으로 볼 수 있습니다. 유의수준이 .05보다 낮게 나오면 오차항 간 상관이 있다고 할 수 있습니다. 결과창에서는 DW Statistic 항목으로 제시합니다.
- Cook's distance 데이터가 모형에 영향을 주는 정도를 나타내 주어 이상치를 찾을 수 있게 해 줍니다. 일반적으로 값이 1 이상이면 매우 크다고 보고 0.5도 무시할 수 없는 수준으로 해석합니다. 결과창에서는 Cook's Distance에서 Mean으로 제시합니다.

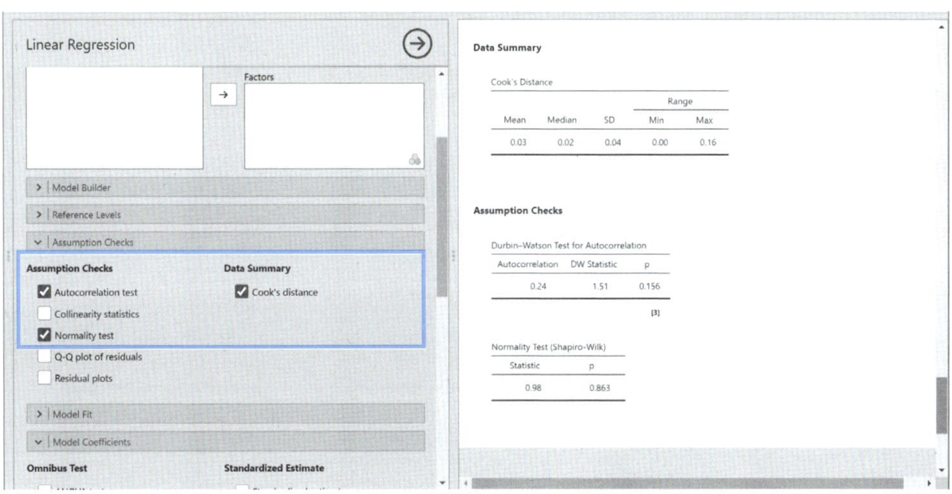

| 그림 7-7 | 회귀분석 가정 검정

Durbin-Watson 검정 결과 1.51로 2에 가깝다고 볼 수 있으며, p값도 0.156로 나타나 .05 이상이므로 오차항의 독립성이 확보되었습니다.

정규성 검정에서 Shapiro Wilk 값은 0.98, p값은 0.863으로 나타나 정규성 조건도 충족되었음을 알 수 있습니다.

Cook's distance에서 평균은 0.03으로 나타나 0.5보다도 훨씬 작은 값이므로 문제되는 값이 없다고 볼 수 있습니다.

(7) 기본 가정이 충족되었으므로 모형의 설명력과 적합도에 대한 통계적 유의성을 보기 위해 분산분석 결과를 살펴보겠습니다.

❶ Model Fit에서 R, R^2, Adjusted R^2을 체크하여 설명력을 확인합니다. 그리고

❷ 모형 적합도를 알아보기 위해 F test도 체크합니다.

- Adjusted R^2 조정된 R^2값은 독립변수가 많아질수록 설명력이 높아지는 현상을 보완하기 위해 사용하게 됩니다.

❸ Model Coefficients에서 Standardized estimate(표준화계수)에도 체크해 봅니다.

- Standardized estimate 종속변수와 독립변수가 모두 평균이 0이고 표준편차가 1인 변수로 표준화되었을 때의 회귀계수(β)입니다. 결과창에서는 Stand. Estimate 항목으로 제시합니다.

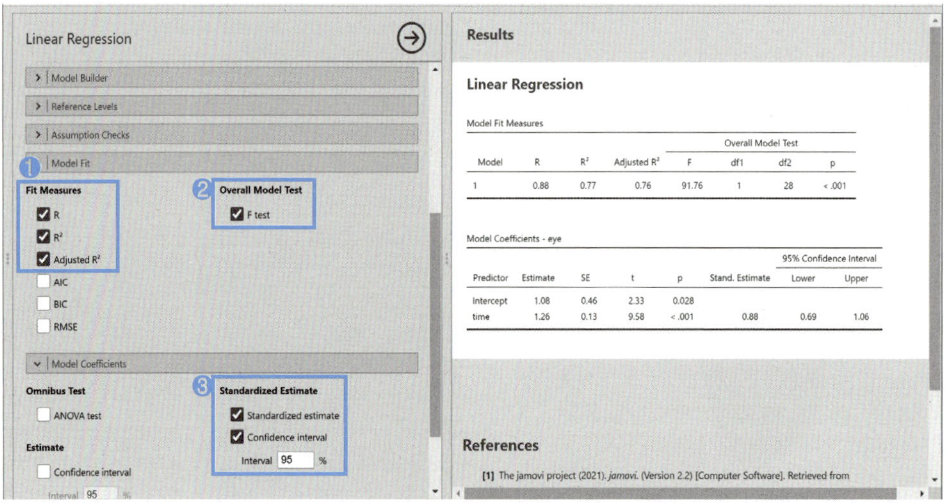

| 그림 7-8 | 회귀분석 모형 적합도 및 설명력 분석

결과창을 살펴보면 R은 0.88, R^2이 0.77이므로 스마트폰 사용 시간이 눈의 피로도를 77% 설명하는 것으로 나타났습니다. 모형 적합도에서 유의한 결과가 나왔으므로(F=91.76, p<.001) 이 회귀모형은 적합하다고 판단할 수 있습니다.

Model Coefficients 표에서 첫 번째 줄 Intercept의 Estimate는 상수이며, time의 Estimate는 B값으로 회귀선의 기울기를 나타냅니다. 이 기울기를 t검정을 사용해서 검증하게 되므로 t값은 독립변수와 종속변수가 선형관계를 갖는 정도를 나타낸다고 볼 수 있습니다. 여기에서 t값은 9.58(p<.001)로 나타나 스마트폰 사용 시간이 눈의 피로도에 미치는 영향력이 유의미하다고 볼 수 있습니다.

회귀선의 기울기인 B값은 1.26, Intercept 상수는 1.08입니다. 따라서 회귀식을 만들어 보면 Y=1.26x + 1.08이 되겠지요?

〈통계 검정 요약〉

영가설 H_0 : 회귀선의 기울기가 0이다.
대립가설 H_1 : 회귀선의 기울기가 0이 아니다.
검정통계량 F=91.76
p-value =<.001
결정 : 회귀선의 기울기가 0이 아니다. (스마트폰 사용 시간은 눈의 피로도를 예측한다)

결과 보고하기

스마트폰 사용 시간이 눈의 피로도에 미치는 영향력을 알아보기 위해 회귀분석을 실시한 결과는 〈표 7-1〉과 같다.

〈표 7-1〉 **스마트폰 사용 시간이 눈의 피로도에 미치는 영향**

독립변수	B	SE	β	R	R^2	t	p
(상수)	1.08	0.46		0.88	0.77	2.33	0.028
스마트폰 사용 시간	1.26	0.13	0.88			9.58	<.001
F=91.76(p<.001), Durbin-Watson=1.51							

스마트폰 사용 시간이 눈의 피로도에 미치는 영향력에 대한 회귀모형은 적합한 것으로 나타났다(F= 91.76, p<.001). Durbin-Watson 값은 1.51(p=0.170)로 나타나 오차항의 독립성이 확보되었다.

스마트폰 사용 시간은 눈의 피로도에 정적인 영향을 미치고 있으며(β = 0.88, p <.001), 눈의 피로도를 77% 설명하고 있다. 따라서 스마트폰 사용 시간이 많을수록 눈의 피로도가 높아진다고 할 수 있다.

실습해 보세요

01 lsj데이터 중 'Parenthood' 데이터를 이용하여 회귀분석을 실습해 봅시다. 아버지의 수면 시간이 아버지의 까칠함 정도에 영향을 미치는지 알아보고자 합니다. 'dan.sleep'이 아버지의 수면 시간, 'dan.grump'가 아버지의 까칠함의 정도로 0이 전혀 까칠하지 않음, 100으로 갈수록 까칠함이 높은 것입니다.

1) Open-Data Library-Parenthood 파일을 클릭하여 데이터를 열어봅시다.

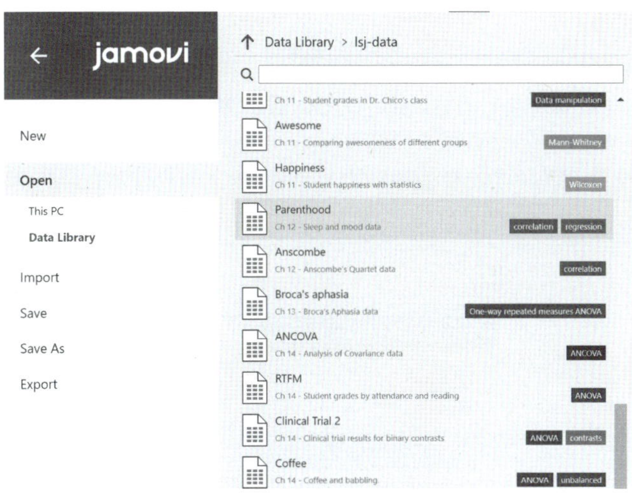

Parenthood 데이터 열기

2) 변수의 유형을 모두 연속형 변수로 설정해 줍니다.

Variables – 변수 선택 – Edit – Measure type에서 유형을 'Continuous'로 선택합니다.

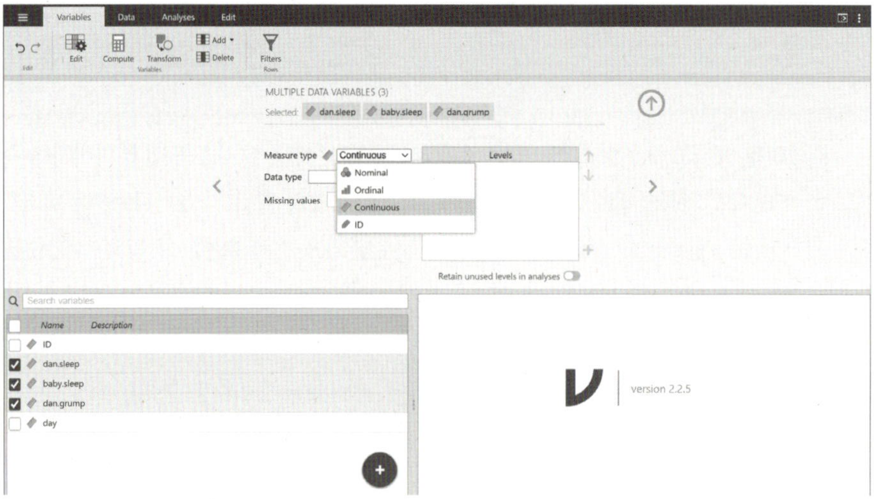

변수 유형 설정

3) 두 변수가 관계가 있는지 알아보고 회귀분석에 적합한지 판단하기 위해 상관관계 분석을 먼저 해보도록 하겠습니다. 상관관계 분석을 위해 Analysis - Regression - Correlation Matrix를 선택합니다.

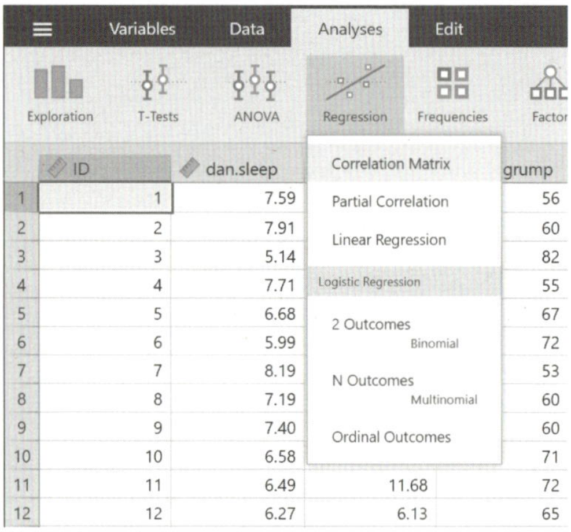

상관관계 분석 실행

4) 상관관계 분석을 실행하기 위해 'dan.sleep'과 'dan.grump'를 오른쪽 분석창으로 옮겨줍니다. 그리고 Additional Options에서 Report significance, Flag significant correlations를 선택하여 유의미한 상관관계를 가지고 있는지 알아봅니다.

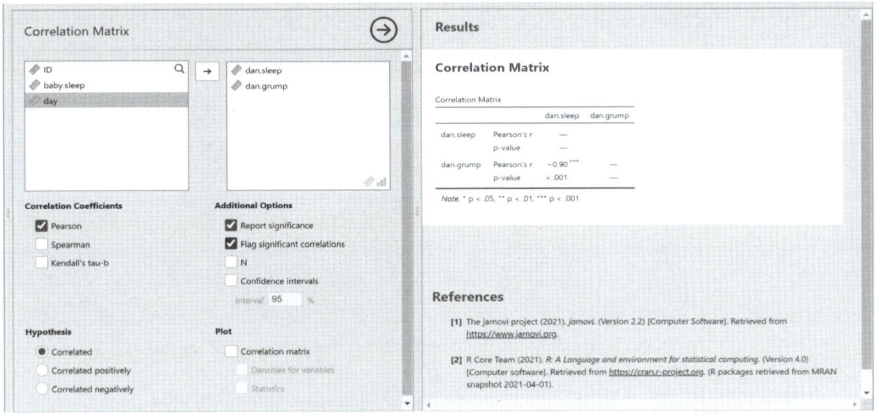

상관관계 분석 창 입력 – 추가 옵션 선택

아버지의 수면 시간과 까칠함의 상관관계를 분석한 결과, Pearson의 r값은 .90(p<.001)으로 두 변수 간의 상관관계가 유의미한 것으로 나타났습니다.

5) 단순회귀분석을 실행하기 위해 Analyses – Regression – Linear Regression을 클릭합니다.
분석창에서 'dan.sleep'은 Covariates로, 'dan.grump'는 Dependent Variable로 보내줍니다.
그리고 회귀분석을 위한 기본 가정을 체크하여 검정해 보도록 합니다. Assumption Checks에서 Autocorrelation test(오차항 상관 검정)과 Normality test(정규성 검정), 그리고 Cook's distance(쿡의 거리)를 체크해 줍니다.

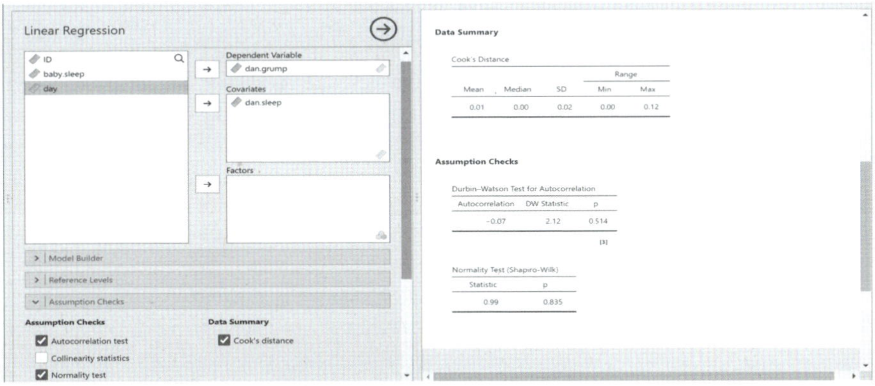

단순회귀분석 창 입력, 가정 검정

Durbin-Watson 검정 결과 2.12로 2에 가깝다고 볼 수 있으며, p값도 0.514로 나타나 .05이상이므로 오차항의 독립성이 확보되었습니다.

정규성 검정에서 Shapiro Wilk 값은 0.99, p값은 0.835로 나타나 정규성 조건도 충족되었음을 알 수 있습니다.

Cook's distance에서 평균은 0.01으로 나타나 0.5보다도 훨씬 작은 값이므로 문제되는 값이 없다고 볼 수 있습니다.

6) 기본 가정이 충족되었으므로 모형의 설명력과 적합도에 대한 통계적 유의성을 보기 위해 분산분석 결과를 살펴보겠습니다. Model Fit에서 R, R^2, Adjusted R^2을 체크하여 설명력을 확인합니다. 그리고 모형 적합도를 알아보기 위해 F test도 체크합니다.

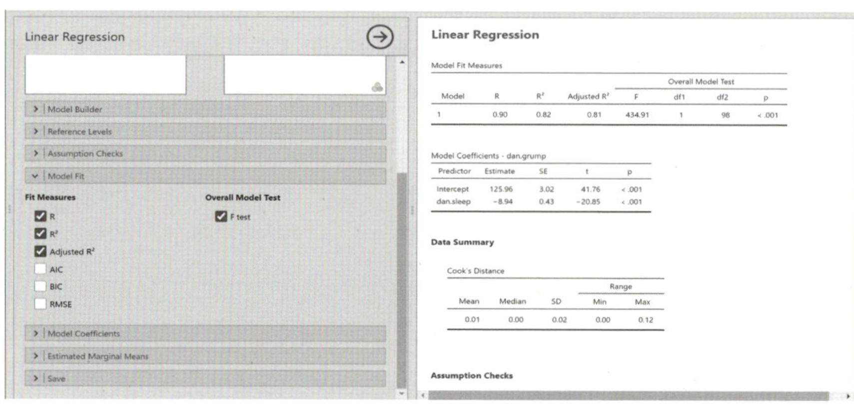

단순회귀분석 모형 적합도 및 설명력 분석

모형 적합도에 대한 결과를 살펴보면 아버지의 수면 시간이 아버지의 까칠함에 영향을 미치는 회귀 모형은 유의한 것으로 나타났습니다(F= 434.91, p<.001). 그리고 아버지의 수면 시간은 아버지의 까칠한 정도를 82% 설명하고 있습니다. 따라서 아버지의 수면 시간은 까칠함에 영향을 미친다고 볼 수 있습니다.

연습문제

초등학교 5, 6학년 학생들의 학교 적응력이 행복감에 영향을 미치는지 알아보기 위해 한 학급의 학생들에게 학교 적응 정도와 자신의 행복의 정도를 평정하도록 했습니다. 모두 5점 척도이며 점수가 높을수록 학교 적응을 잘 하고 행복의 정도가 높은 것입니다. 이 데이터를 통해 초등학생의 학교 적응이 행복에 미치는 영향을 알아보고자 합니다. 다음의 설문으로 초등학생 10명을 대상으로 진행했을 때의 데이터입니다. 단순회귀분석을 실시하여 결과를 산출해 봅시다.

〈설문 내용〉

1. 학생의 성별은 무엇입니까?
   ① 남자　　② 여자

2. 몇 학년입니까?
   ① 5학년　　② 6학년

■ 다음 문항을 읽고 오른쪽 대답 중에서 평소 자신의 생각이나 느낌에 가까운 것을 골라주세요.

〈학교 적응〉

번호	문항내용	전혀 그렇지 않다	그렇지 않은 편이다	보통이다	그런 편이다	매우 그렇다
1	나는 우리 선생님을 좋아한다.					
2	학교 친구의 생일에 초대받은 적이 있다.					
3	수업시간에는 공부에 집중한다.					
4	학교에 가는 것이 즐겁다.					

〈행복감〉

번호	문항내용	전혀 그렇지 않다	그렇지 않은 편이다	보통이다	그런 편이다	매우 그렇다
1	나는 집이나 학교생활에서 항상 즐거움을 느낀다.					
2	나는 모든 일을 할 때 기분이 좋다.					
3	나는 어떤 활동이나 활동 자체에 몰두한다.					
4	나는 항상 모든 일에 명확한 목표를 가진다.					

〈데이터〉

	id	gender	grade	adapt1	adapt2	adapt3	adapt4	happy1	happy2	happy3	happy4
1	1	1	1	4	5	4	4	5	4	5	5
2	2	2	1	3	4	4	5	4	5	4	3
3	3	1	1	4	3	5	4	3	4	5	4
4	4	2	1	5	4	5	4	5	4	5	5
5	5	2	1	3	4	3	3	3	2	3	3
6	6	2	2	2	3	3	2	2	3	3	3
7	7	1	2	3	2	3	4	3	4	3	4
8	8	1	2	4	3	4	5	4	3	5	5
9	9	1	2	2	4	3	4	4	3	3	3
10	10	2	2	4	3	4	4	3	4	2	4

jamovi로 쉽게 분석하기

2. 다중회귀분석

다중회귀분석은 여러 독립변수들이 하나의 종속변수를 예측하는지 분석하는 방법입니다. 다음의 사례로 다중회귀분석을 해봅시다.

앞에서의 분석 결과를 통해 스마트폰 사용 시간이 늘수록 눈의 피로도가 높아진다는 것을 알게 되었습니다. 이번에는 스마트폰의 화면 크기와 밝기도 영향을 미치는지 함께 알아보려고 합니다. 스마트폰마다 화면 크기가 다양하고 밝기도 사용자가 조절해서 각기 다른 밝기로 스마트폰을 사용하고 있죠. 따라서 이번에는 스마트폰의 사용 시간과 화면의 크기, 밝기가 눈의 피로도에 영향을 미치는지, 그리고 사용 시간과 화면의 크기, 밝기 중에 어떤 요인이 가장 눈의 피로도를 높이는지를 알아보기 위해 다중회귀분석을 실시해 보겠습니다.

예제 스마트폰 이용 시간과 화면의 크기, 밝기는 눈의 피로도에 영향을 미치는가?

▶ 예제 데이터 '회귀분석.csv'를 불러옵니다.

상관분석 예제 데이터는 연구 대상자 30명의 휴대폰 사용 시간, 화면 크기, 밝기, 눈의 피로도에 대한 데이터입니다.

첫 번째 칼럼 ID가 연구대상자들의 일련번호이며, 두 번째 칼럼 'time'은 사용 시간, 세 번째 칼럼 'screen'이 화면 크기, 네 번째 칼럼 'bright'는 화면의 밝기, 다섯 번째 칼럼 'eye'는 눈의 피로도입니다.

여기에서 예측 변수는 'time(사용 시간)', 'screen(스마트폰의 화면 크기)', 'bright(밝기)'이며, 종속변수는 'eye(눈의 피로도)'입니다.

1열 : ID

2열 : time(스마트폰 사용 시간) 예측변수

3열 : screen(화면 크기) 예측변수

4열 : bright(화면 밝기) 예측변수

5열 : eye(눈의 피로도) 종속변수

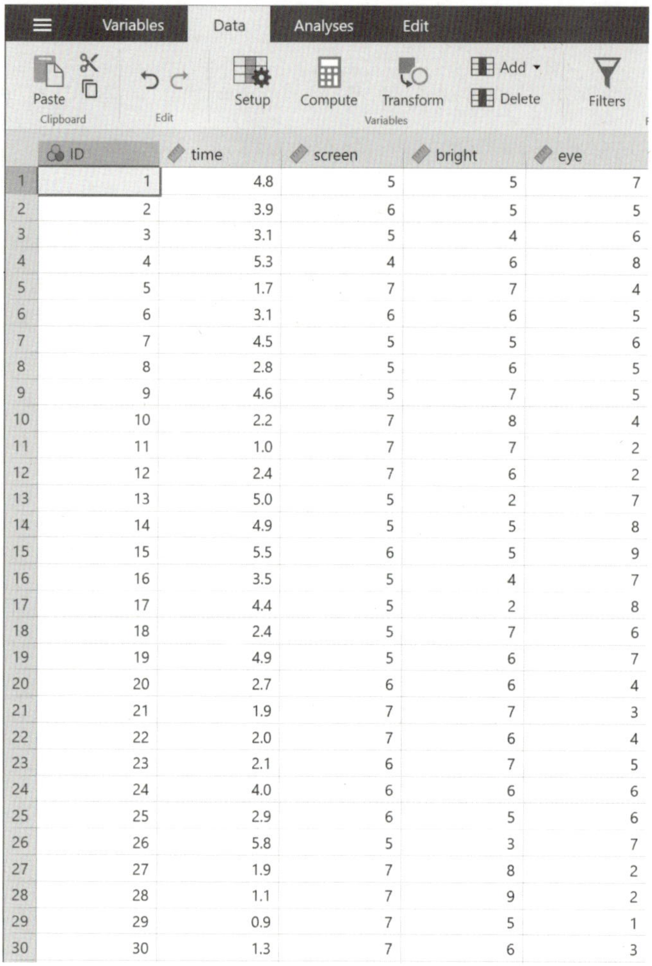

	ID	time	screen	bright	eye
1	1	4.8	5	5	7
2	2	3.9	6	5	5
3	3	3.1	5	4	6
4	4	5.3	4	6	8
5	5	1.7	7	7	4
6	6	3.1	6	6	5
7	7	4.5	5	5	6
8	8	2.8	5	6	5
9	9	4.6	5	7	5
10	10	2.2	7	8	4
11	11	1.0	7	7	2
12	12	2.4	7	6	2
13	13	5.0	5	2	7
14	14	4.9	5	5	8
15	15	5.5	6	5	9
16	16	3.5	5	4	7
17	17	4.4	5	2	8
18	18	2.4	5	7	6
19	19	4.9	5	6	7
20	20	2.7	6	6	4
21	21	1.9	7	7	3
22	22	2.0	7	6	4
23	23	2.1	6	7	5
24	24	4.0	6	6	6
25	25	2.9	6	5	6
26	26	5.8	5	3	7
27	27	1.9	7	8	2
28	28	1.1	7	9	2
29	29	0.9	7	5	1
30	30	1.3	7	6	3

| 그림 7-9 | 회귀분석 예제 데이터

(1) 데이터를 불러오면 각 변수들의 유형에 알맞게 설정해 줍니다.

'time(시간)', 'screen(화면 크기)', 'bright(밝기)', 'eye(눈의 피로도)' 변수는 연속형 변수이므로 상단의 ❶ Variable – ❷ 'time', 'screen', 'bright', 'eye' 선택 – ❸ Edit를 클릭하거나 Data – 'time', 'screen', 'bright', 'eye'선택 – Setup을 클릭 후 ❹ Measure type에서 Continuous로 변경합니다.

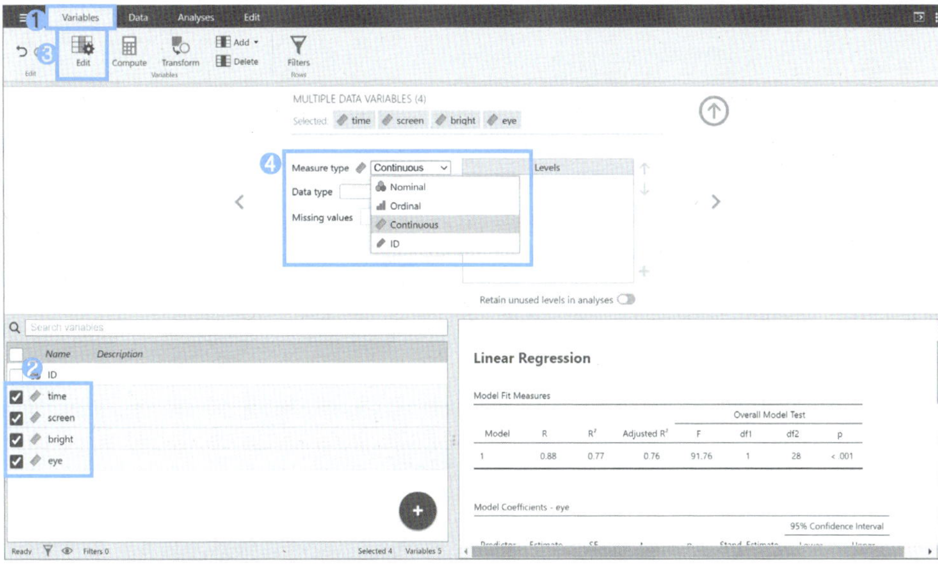

그림 7-10 변수 유형 설정

(2) 먼저 스마트폰 사용 시간, 화면크기, 밝기, 눈의 피로도가 상관관계가 있는지 분석해 보도록 합니다.

❶ Analyses – ❷ Regression – ❸ Correlation Matrix를 선택합니다.

그림 7-11 상관관계 분석 실행

(3) 분석창에 상관관계를 보고자 하는 변수 time, screen, eye를 모두 분석창에 넣어줍니다.

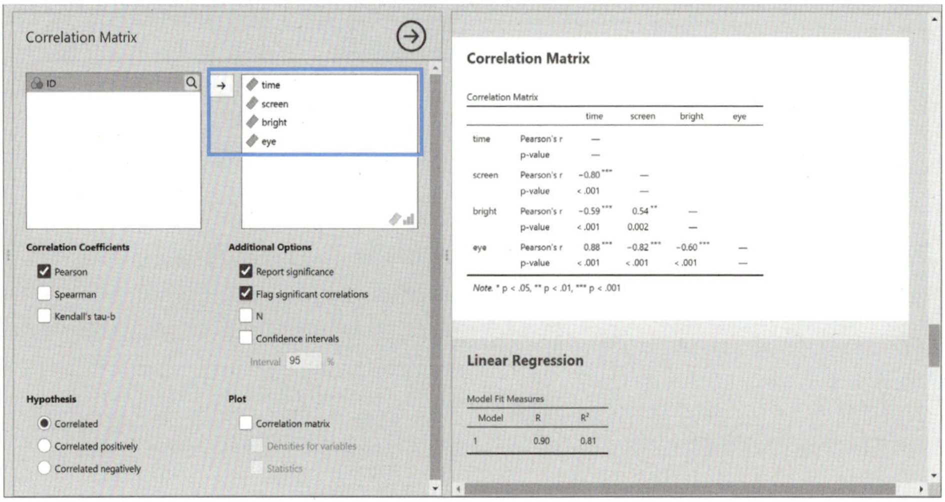

| 그림 7-12 | 상관관계 분석 창 입력

상관관계 분석 결과를 봅시다. 스마트폰 사용 시간과 눈의 피로도의 상관관계에 대한 r값은 0.88(p<.001), 화면 크기와 눈의 피로도의 상관관계에 대한 r값은 -0.82(p<.001), 밝기와 눈의 피로도의 상관관계에 대한 r값은 -0.60(p<.001)으로 모두 유의수준 .05에서 유의미한 상관관계가 있는 것으로 나타났습니다.

스마트폰 사용 시간과 화면 크기의 상관계수는 -0.80(p<.001), 사용 시간과 밝기의 상관계수는 -0.59(p<.001), 화면 크기와 밝기의 상관계수는 0.54(p=0.002)로 나타났습니다.

(4) 다중회귀분석을 실시하기 위해 ❶ Analyses – ❷ Regression – ❸ Linear Regression 을 클릭합니다.

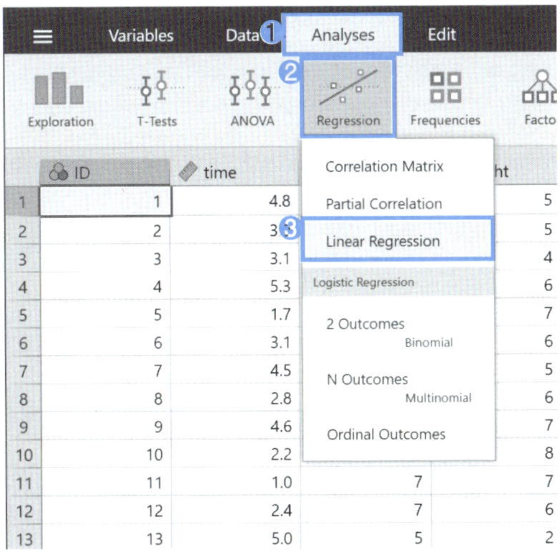

| 그림 7-13 | 다중회귀분석 실행

(5) 분석창에 'eye(눈의 피로도)'를 위의 종속변수 칸인 Dependent Variable에 넣어주고, Covariates에 'time(사용 시간)'과 'screen(화면크기)', 'bright(밝기)' 변수를 넣어줍니다.

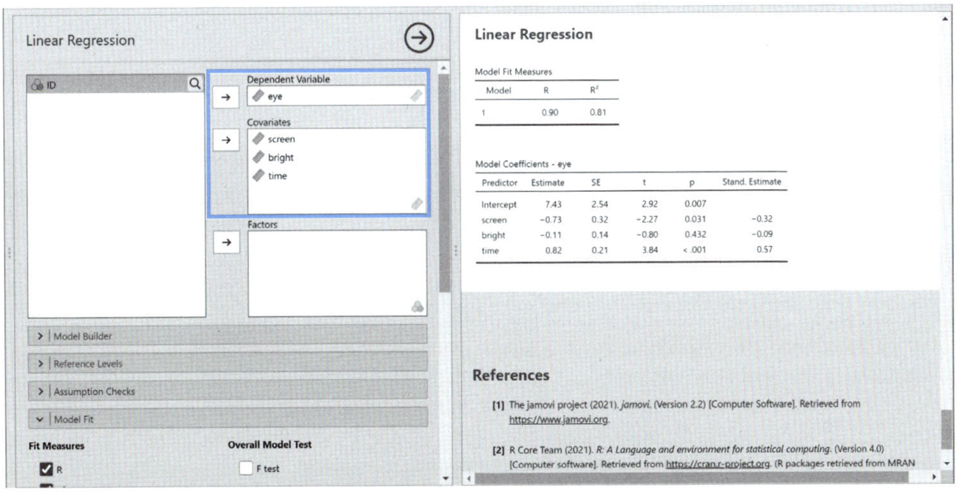

| 그림 7-14 | 다중회귀분석 창 입력

(6) 결과를 보기에 앞서 잔차의 독립성 검정과 다중공선성을 확인해 보겠습니다. Assumption Checks에서 잔차의 독립성 검정을 위해 Autocorrelation test에 체크하고, 다중공선성 검정을 위해 Collinearity statistics에 체크합니다. 그리고 잔차의 정규분포를 검정하기 위해 Normality test에 체크합니다.

- Autocorrelation test 자기상관을 알아보기 위해 Durbin-Watson 검정 결과값을 알려줍니다. DW통계치가 2에 가까우면 오차항의 독립성 가정이 위배되지 않은 것으로 볼 수 있습니다.
- Collinearity statistics VIF(분산팽창지수)와 Tolerance(공차한계) 통계치를 제시합니다.

  VIF는 회귀분석에서 사용된 모형에서 일부 예측 변수가 다른 예측 변수와 상관이 높을 때 부정적인 영향을 미치는 것으로 10 이상일 경우 다중공선성이 있다고 볼 수 있습니다. Tolerance는 0.1 미만일 경우 다중공선성의 문제가 있다고 봅니다.

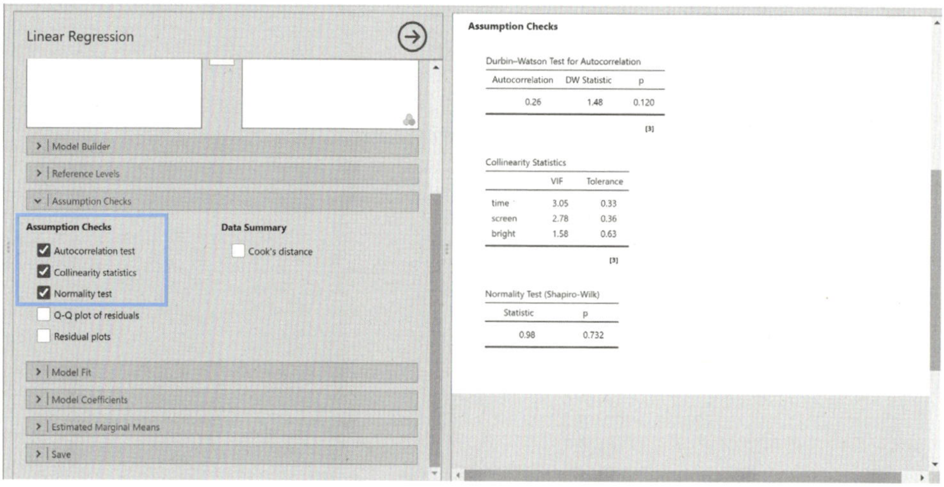

| 그림 7-15 | 다중회귀분석 가정 검정

자기상관관계를 검정한 Durbin-Watson 검정 결과 DW값이 1.48이며, p값은 0.120이기 때문에 영가설을 받아들여 오차항의 독립성이 확보되었습니다(표 7-2 참조).

〈통계 검정 요약 – Durbin–Watson 검정〉

영가설 H_0 : 오차항들 간에 자기상관관계가 없다.
대립가설 H_1 : 오차항들 간에 자기상관관계가 있다.
검정통계량 DW=1.38
p-value = .052 > 0.05
결정 : 오차항들 간에 자기상관관계가 없다.

VIF값은 모두 10 이하로 나타났으며, Tolerance 값도 모두 0.1보다 높게 나타나 다중공선성 문제는 없습니다.

〈표 7–2〉 Durbin–Watson 분석 절차 요약

Collinearity Statistics

	VIF	Tolerance
screen	2.78	0.36
bright	1.58	0.63
time	3.05	0.33

Normality test(정규성 검정)의 W값은 0.98, p 값은 0.732로 나타나 영가설을 기각하지 못했습니다. 따라서 정규분포와 근사하다고 볼 수 있으므로 정규성 검정이 확인되었습니다.

〈통계 검정 요약 – Shpiro–Wilk 정규성 검정〉

영가설 H_0 : 잔차들의 분포가 정규분포를 따른다.
대립가설 H_1 : 잔차들의 분포가 정규분포를 따르지 않는다.
검정통계량 W=0.98
p-value = .732 > 0.05
결정 : 잔차들이 정규분포를 따른다.

(7) 기본 가정이 충족되었으므로 모형의 설명력과 적합도에 대한 통계적 유의성을 보기 위해 다중회귀분석의 결과를 살펴보겠습니다.

❶ Model Fit에서 R, R^2, Adjusted R^2을 체크하여 설명력을 확인합니다. 그리고

❷ 모형 적합도를 알아보기 위해 F test도 체크합니다.

❸ Model Coefficients에서 Standardized estimate(표준화계수)와 Confidence interval(신뢰구간)에도 체크하여 줍니다.

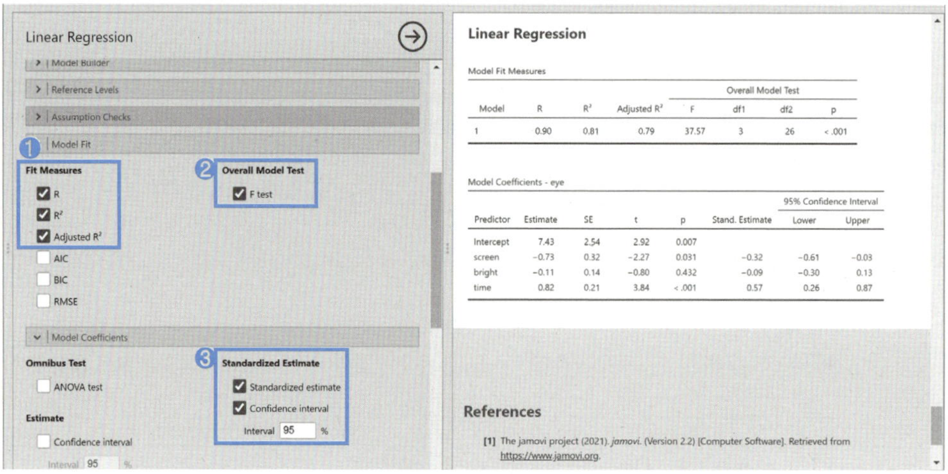

| 그림 7-16 | 다중회귀분석 모형 적합도 및 설명력 분석

모형 적합도를 살펴보면 F값이 37.57($p < .001$)로 유의수준 .05에서 유의미한 결과가 나타났으므로 이 회귀모형은 적합하다고 판단합니다.

설명력은 R^2이 0.81이므로 화면 크기와 밝기, 스마트폰 사용 시간이 눈의 피로도를 81% 설명하는 것으로 나타났습니다.

눈의 피로도에 어떤 요인이 더 큰 영향을 미치는지 알아보기 위해 상대적인 영향력을 비교해 볼 수 있습니다. 화면의 크기와 밝기, 사용 시간은 모두 기본 단위가 다르기 때문에 기준들을 일치시켜서 영향력을 비교할 수 있도록 β값을 보도록 하겠습니다.

각 요인별로 살펴보면 화면 크기는 눈의 피로도에 유의한 영향을 미치는 것으로 나타났으며($\beta = -0.32$, $p = 0.031$), 스마트폰 사용 시간 또한 눈의 피로도에 유의한 영향을 미치는 것으로 나타났습니다($\beta = 0.57$, $p < .001$). β값의 절대값으로 영향력의 크기를 비교해보면 스마트폰 사용 시간의 β값이 화면 크기의 β값보다 크게 나타나, 눈의 피로도에 가장 큰 영향을 미치는 요인은 스마트폰 사용 시간이었습니다. 화면의 밝기는 눈의 피로도에 영향을 미치지 못하고 있습니다($\beta = -0.09$, $p = 0.432$).

〈통계 검정 요약 – 다중회귀분석〉

영가설 H_0 : 회귀선의 기울기가 0이다.

대립가설 H_1 : 회귀선의 기울기가 0이 아니다.

검정통계량 F=37.57

p-value = <.001

결정 : 회귀선의 기울기가 0이 아니다.

결과 보고하기

스마트폰 사용 시간, 화면 크기, 화면 밝기가 눈의 피로도에 미치는 영향력을 알아보기 위해 다중회귀분석을 실시한 결과는 〈표 7-3〉과 같다.

〈표 7-3〉 스마트폰 사용 시간, 화면 크기, 화면 밝기가 눈의 피로도에 미치는 영향

독립변수	B	SE	β	R	R^2	t	p	VIF
(상수)	7.43	2.54		0.90	0.81	2.92	0.007	
화면 크기	-0.73	0.32	-0.32			-2.27	0.031	2.78
화면 밝기	-0.11	0.14	-0.09			-0.80	0.432	1.58
사용 시간	0.82	0.21	0.57			3.84	<.001	3.05
F=37.57(p<.001), Durbin-Watson=1.48(p=0.120)								

스마트폰 사용 시간, 화면 크기, 화면 밝기가 눈의 피로도에 미치는 영향력에 대한 회귀모형은 적합한 것으로 나타났다(F = 37.57, p<.001). Durbin-Watson 값은 1.48(p = 0.120)로 나타나 오차항의 독립성이 확보되었다. VIF(분산팽창지수)는 모두 10 미만으로 다중공선성 문제는 없었다.

스마트폰 사용 시간이 눈의 피로도에 가장 큰 영향을 미치고 있는 것으로 나타났으며(β = 0.57, p<.001), 다음으로 스마트폰 화면 크기가 눈의 피로도에 부적인 영향을 미치고 있었다(β = -0.32, p = 0.031). 따라서 스마트폰 사용 시간이 많을수록, 화면의 크기가 작을수록 눈의 피로도가 높아진다고 할 수 있다.

화면의 밝기는 눈의 피로도에 유의한 영향을 미치지 않고 있다(β = -0.09, p = 0.432).

실습해 보세요

01 lsj데이터 중 'Parenthood' 데이터를 이용하여 다중회귀분석을 실습해 봅시다. 아버지의 수면시간과 아기의 수면시간이 아버지의 까칠함 정도에 영향을 미치는지 알아보고자 합니다. 'dan.sleep'이 아버지의 수면시간, 'baby.sleep'이 아기의 수면시간, 'dan.grump'가 아버지의 까칠함의 정도로 0이 전혀 까칠하지 않음, 100으로 갈수록 까칠함이 높은 것입니다.

1) Open – Data Library – Parenthood 파일을 클릭하여 데이터를 열어봅시다.

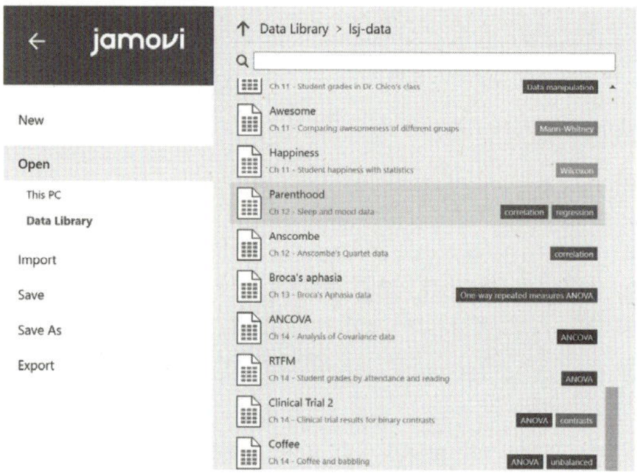

Parenthood 데이터 열기

2) 변수의 유형을 모두 연속형 변수로 설정해 줍니다.
Variables – 변수 선택 – Edit – Measure type에서 유형을 'Continuous'로 선택합니다.

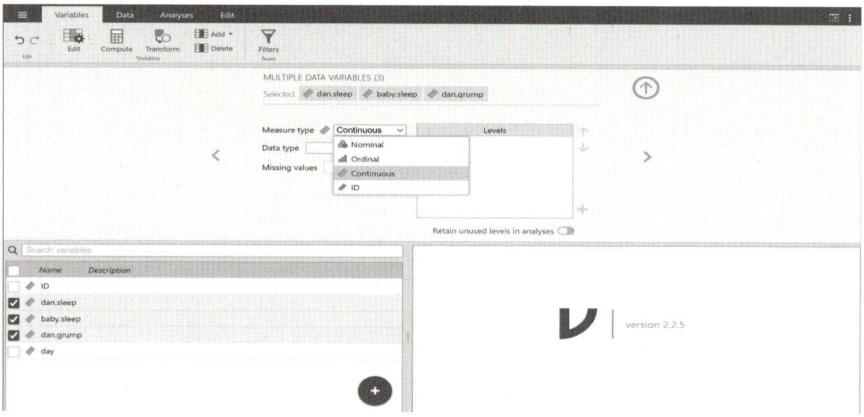

변수 유형 설정

3) 변수들 간 관계가 있는지 알아보고 회귀분석에 적합한지 판단하기 위해 상관관계 분석을 먼저 해보도록 하겠습니다. 상관관계 분석을 위해 Analysis - Regression - Correlation Matrix를 선택합니다.

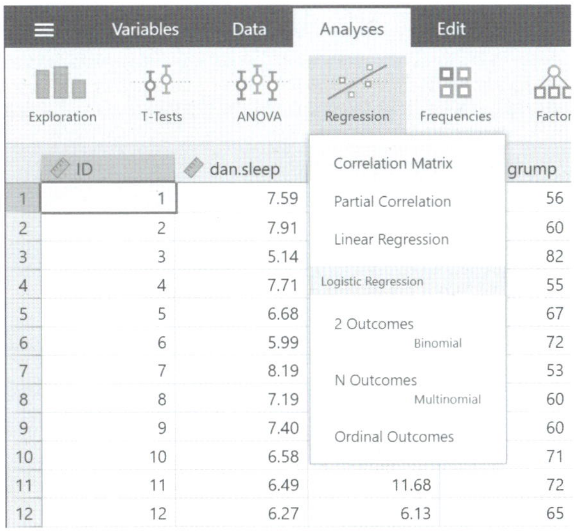

상관관계 분석 실행

4) 상관관계 분석을 실행하기 위해 'dan.sleep', 'baby.sleep', 'dan.grump'를 오른쪽 분석 창으로 옮겨줍니다. 그리고 Additional Options에서 Report significance, Flag significant correlations를 선택하여 유의미한 상관관계를 가지고 있는지 알아봅니다.

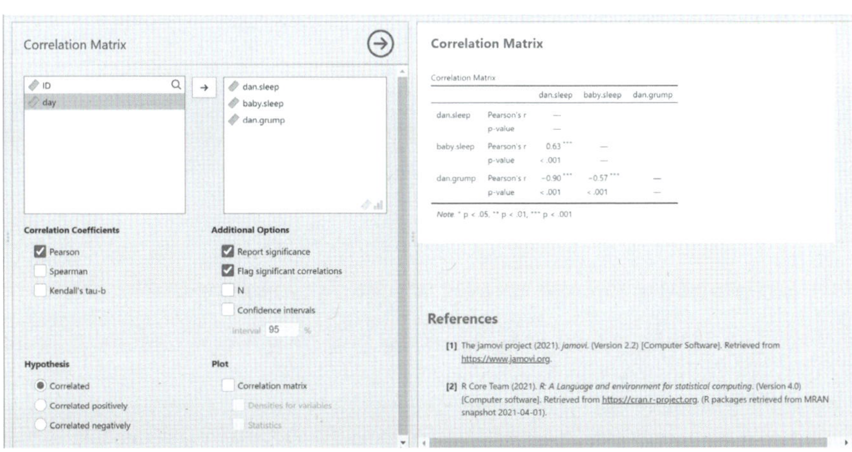

상관관계 분석 창 입력

변수들의 상관관계를 분석한 결과, 아버지의 수면 시간과 아기의 수면시간의 상관관계에 대한 *r*값은 .63(p<.001), 아버지의 수면 시간과 아빠의 까칠함의 상관관계에 대한 *r*값은 -.90(p<.001), 아기의 수면 시간과 아버지의 까칠함의 상관관계에 대한 <값은 -.57(p <.001)로 나타나 세 변수 간의 상관관계는 모두 유의미한 것으로 나타났습니다.

5) 다중회귀분석을 실행하기 위해 Analyses – Regression – Linear Regression을 클릭합니다.
분석창에서 'dan.sleep'과 'baby.sleep'은 Covariates로, 'dan.grump'는 Dependent Variable로 보내줍니다.
그리고 잔차의 독립성 검정과 다중공선성을 확인해 보겠습니다.
Assumption Checks에서 잔차의 독립성 검정을 위해 Autocorrelation test에 체크하고, 다중공선성 검정을 위해 Collinearity statistics에 체크합니다. 그리고 잔차의 정규분포를 검정하기 위해 Normality test에 체크합니다.

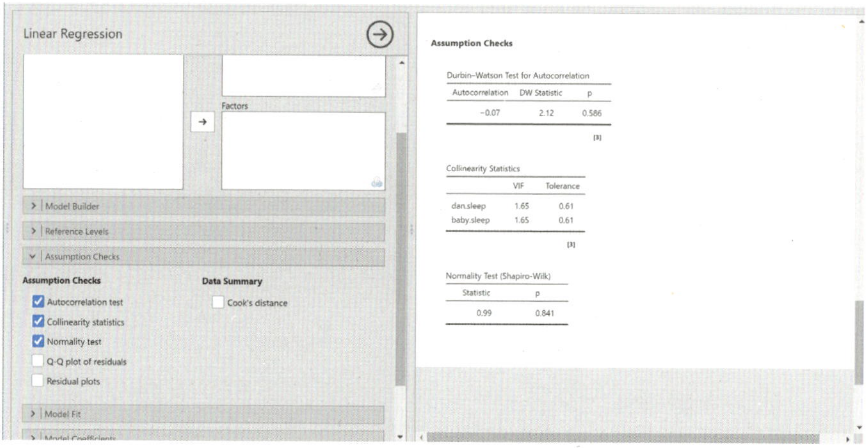

다중회귀분석 가정 검정

Durbin-Watson 분석 결과 DW값이 2.12로 2에 가깝다고 볼 수 있으며, p값은 0.586이기 때문에 영가설을 받아들여 오차항의 독립성이 확보되었습니다.
VIF값은 10 이하로 나타났으며, Tolerance 값도 0.1보다 높게 나타나 다중공선성 문제는 없습니다.
Normality test(정규성 검정)의 W값은 0.99, p값은 0.835로 나타나 정규성 조건도 충족되었음을 알 수 있습니다.

6) 기본 가정이 충족되었으므로 모형의 설명력과 적합도에 대한 통계적 유의성을 보기 위해 분산분석 결과를 살펴보겠습니다. Model Fit에서 R, R^2, Adjusted R^2을 체크하여 설명력을 확인합니다. 그리고 모형 적합도를 알아보기 위해 F test도 체크합니다.
그리고 상대적 영향력을 알아보기 위해 Model Coefficients에서 Standardized estimate(표준화계수), Confidence interval(신뢰구간)에도 체크하여 줍니다.

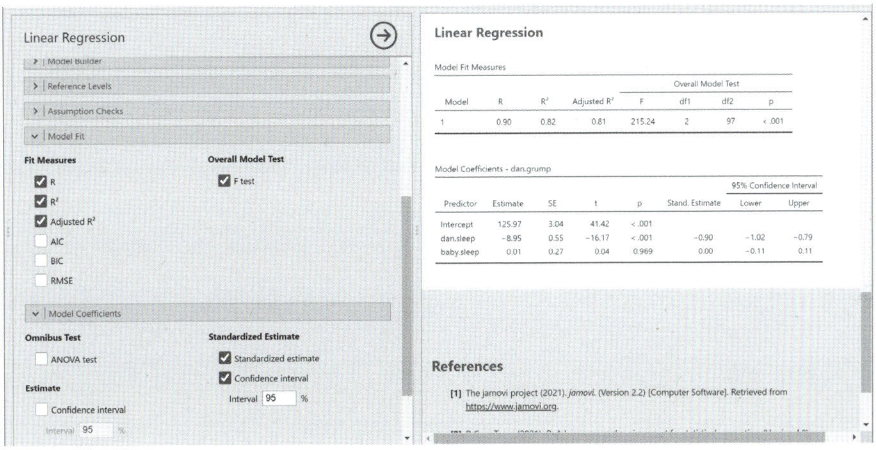

다중회귀분석 모형 적합도 및 설명력 분석

모형 적합도를 살펴보면 F값이 215.24(p<.001)로 유의수준 .05에서 유의미한 결과가 나타났으므로 이 회귀모형은 적합하다고 판단합니다.
설명력은 R^2이 0.820이므로 아버지의 수면 시간과 아기의 수면 시간이 아버지의 까칠함을 82% 설명하는 것으로 나타났습니다.
아버지의 까칠함에 어떤 요인이 더 큰 영향을 미치는지 살펴보면 아버지의 수면 시간은 아버지의 까칠함에 유의한 부적(−) 영향을 미치는 것으로 나타났고(β = -0.90, p<.001), 아기의 수면 시간은 아버지의 까칠함에 영향을 주지 못하는 것으로 나타났습니다(β = 0.00, p = 0.969). 따라서 아버지의 수면 시간이 적을수록 까칠함이 높아진다고 볼 수 있습니다.

연습문제

초등학교 5, 6학년 학생들의 학교 적응력과 자기효능감이 행복감에 영향을 미치는지 알아보기 위해 한 학급의 학생들에게 학교 적응 정도와 자기효능감, 자신의 행복의 정도를 평정하도록 했습니다. 모두 5점 척도이며 점수가 높을수록 학교 적응을 잘 하고 행복의 정도가 높은 것입니다. 이 데이터를 통해 초등학생의 학교 적응과 자기효능감이 행복에 미치는 영향을 알아보고자 합니다. 다음의 설문으로 초등학생 10명을 대상으로 진행했을 때의 데이터입니다. 다중회귀분석을 실시하여 결과를 산출해 봅시다.

〈설문 내용〉

1. 학생의 성별은 무엇입니까?
   ① 남자　　② 여자

2. 몇 학년입니까?
   ① 5학년　　② 6학년

■ 다음 문항을 읽고 오른쪽 대답 중에서 평소 자신의 생각이나 느낌에 가까운 것을 골라주세요.

〈학교 적응〉

번호	문항내용	전혀 그렇지 않다	그렇지 않은 편이다	보통이다	그런 편이다	매우 그렇다
1	나는 우리 선생님을 좋아한다.					
2	학교 친구의 생일에 초대받은 적이 있다.					
3	수업시간에는 공부에 집중한다.					
4	학교에 가는 것이 즐겁다.					

〈자기효능감〉

번호	문항내용	전혀 그렇지 않다	그렇지 않은 편이다	보통이다	그런 편이다	매우 그렇다
1	나는 계획을 잘 세운다.					
2	나는 어려운 상황에서도 잘 이겨낼 수 있다.					
3	마음만 먹으면 나에게 주어진 일을 잘 처리할 수 있다.					
4	나는 일을 순서대로 차근차근 처리하는 편이다.					

〈행복감〉

번호	문항내용	전혀 그렇지 않다	그렇지 않은 편이다	보통이다	그런 편이다	매우 그렇다
1	나는 집이나 학교생활에서 항상 즐거움을 느낀다.					
2	나는 모든 일을 할 때 기분이 좋다.					
3	나는 어떤 활동이나 활동 자체에 몰두한다.					
4	나는 항상 모든 일에 명확한 목표를 가진다.					

〈데이터〉

	id	gender	grade	adapt1	adapt2	adapt3	adapt4	efficacy1	efficacy2	efficacy3	efficacy4	happy1	happy2	happy3	happy4
1	1	1	1	4	5	4	4	4	3	5	4	5	4	5	5
2	2	2	1	3	4	4	5	5	4	5	4	4	5	4	3
3	3	1	1	4	3	5	4	4	5	4	4	3	4	5	4
4	4	2	1	5	4	5	4	3	4	4	5	5	4	5	5
5	5	2	1	3	4	3	3	3	3	2	3	3	2	3	3
6	6	2	2	2	3	3	2	3	2	4	3	2	3	3	3
7	7	1	2	3	2	3	4	4	4	3	4	3	4	3	4
8	8	1	2	4	3	4	5	5	4	5	4	4	3	5	5
9	9	1	2	2	4	3	4	4	4	3	4	4	3	3	3
10	10	2	2	4	3	4	4	5	4	3	4	3	4	2	4

08
CHAPTER

신뢰도분석 (Reliability Analysis)

08 CHAPTER

신뢰도분석(Reliability Analysis)

측정하고자 하는 것이 정확하고 일관되게 측정되었는지 알아보기

Analyses – Factor – Reliability Analysis

이 장에서 사용되는 데이터 파일 : 〈신뢰도.csv〉, 〈Personality Questionnaire.csv〉, 〈신뢰도연습.csv〉

* Personality Questionnaire.csv는 모듈추가창에서 lsj-data-learning statistics 모듈을 추가하면 파일 불러오기 메뉴의 Data Library에서 찾을 수 있음

개념

신뢰도 분석은 측정하고자 하는 것을 얼마나 일관성 있고 정확하게 측정하고 있는지의 정도를 알아보는 것입니다. 신뢰도를 추정하는 방법에는 검사-재검사 신뢰도, 동형검사 신뢰도, 반분검사 신뢰도, 내적 일치도의 방법이 있습니다. 신뢰도를 분석하는 방법으로 가장 많이 사용되고 있는 내적 일치도 분석 방법은 하나의 구인을 측정하기 위하여 여러 문항을 개발하여 검사하는 경우 그 문항들이 동일한 구인을 측정하고 있는지를 평가하기 위해 일관성이 있는가를 보는 것입니다. jamovi에서는 신뢰도 추정 방법으로 가장 많이 사용하는 Cronbach α 계수 추정 방법과 McDonald ω계수를 사용합니다. Cronbach(1951)는 문항 간 내적 일치도를 측정하기 위해 Cronbach α 값을 제안했습니다. 이 계수는 척도의 내적인 일관성을 확인할 때 사용하며, 각 문항을 하나의 테스트로 간주하고 응답자들이 문항들에 대해 얼마나 일관성 있게 반응하는가를 계산합니다. 실제로 Cronbach α는 다양한 분야에서 설문지의 신뢰도를 알아보기 위해 많이 사용되고 있습니다.

jamovi로 쉽게 분석하기

대학생들에게 성격 강점척도를 사용하여 학생들의 성격 강점을 살펴보았습니다. 전체 문항 중 하위요인 ‘절제’ 에 대한 5문항으로 신뢰도 분석을 해 보겠습니다. 응답자들이 절제에 대한 문항에 얼마나 일관성 있게 답을 했는가를 알아봄으로써 검사도구가 〈절제〉를 정확하고 일관되게 측정하고 있는가를 알아볼 수 있습니다.

likert척도를 이용하여 ‘매우 그렇다’는 5점, ‘전혀 그렇지 않다’는 1점이며, 점수가 높을수록 절제를 잘 한다고 볼 수 있습니다. 아래 문항들 중에서 *표시가 되어있는 4번 문항은 역산문항으로 ‘매우 그렇다’에 체크한 경우 5점이 아닌 1점, ‘전혀 그렇지 않다’에 체크한 경우 1점이 아닌 5점으로 점수를 계산해 주어야 합니다.

번호	문항내용	전혀 그렇지 않다	그렇지 않다	보통 이다	그렇다	매우 그렇다
1	내 정서를 다스릴 줄 안다					
2	다칠 위험이 있는 일은 하지 않는다					
3	다른 사람들이 나를 칭찬할 때면 슬그머니 화제를 돌린다					
4*	스스로 한 일을 추켜세우는 편이다					
5	과거의 것을 문제 삼지 않는다					

예제 성격 강점의 하위요인 중 <절제> 항목에 대한 신뢰도는 어떠한가?

▶ 예제 데이터 '신뢰도분석.csv'를 불러옵니다.

회귀분석 예제 데이터는 30개 케이스로 구성되었고, 30명의 대학생들이 문항에 따라 자신의 성격을 체크한 내용입니다. 'selfcontrol1'~'selfcontrol5'는 절제 1~5번 문항입니다.

1열 : ID

2열 : selfcontrol1(절제1번문항)

3열 : selfcontrol2(절제2번문항)

4열 : selfcontrol3(절제3번문항)

5열 : selfcontrol4(절제4번문항)

6열 : selfcontrol5(절제5번문항)

	ID	selfcontrol1	selfcontrol2	selfcontrol3	selfcontrol4	selfcontrol5
1	1	4	4	4	2	4
2	2	4	4	5	1	5
3	3	4	4	5	2	3
4	4	4	4	5	1	5
5	5	4	4	4	2	4
6	6	5	3	4	2	4
7	7	5	4	4	1	5
8	8	3	3	3	2	4
9	9	3	3	3	1	4
10	10	3	3	3	3	5
11	11	5	4	3	2	5
12	12	4	4	3	3	3
13	13	4	3	5	1	5
14	14	5	5	5	1	5
15	15	4	5	5	3	4
16	16	4	5	3	2	5
17	17	4	3	2	3	4
18	18	2	1	2	3	3
19	19	5	5	4	2	5
20	20	4	5	4	2	5
21	21	4	5	4	1	5
22	22	3	2	3	1	2
23	23	5	4	4	1	5
24	24	4	4	4	1	5
25	25	5	4	5	1	5
26	26	3	3	3	2	4
27	27	5	5	5	1	5
28	28	1	1	2	4	2
29	29	2	3	2	4	3
30	30	3	3	3	3	3

| 그림 8-1 | 신뢰도 분석 예제 데이터

(1) 데이터를 불러오면 각 변수들의 유형에 알맞게 설정해 줍니다.

'selfcontrol1~5(절제문항1~5)' 변수는 연속형 변수이므로 상단의 ❶ Variable – ❷ 'selfcontrol1~5' 선택 – ❸ Edit를 클릭하거나 Data – 'selfcontrol1~5' 선택 – Setup을 클릭 후 ❹ Measure type에서 Continuous로 변경합니다.

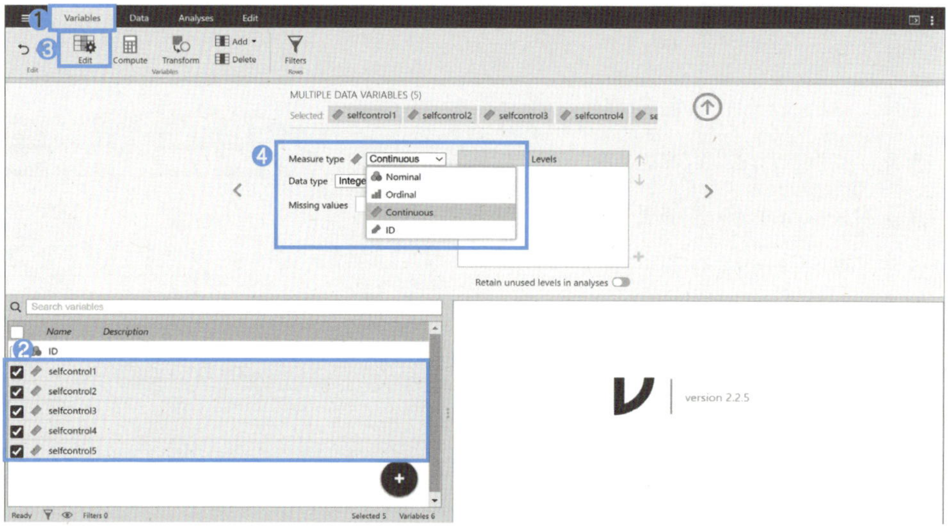

| 그림 8-2 | 변수 유형 설정

(2) 절제 문항들의 신뢰도 분석을 위해 ❶ Analysis – ❷ Factor – ❸ Reliability Analysis를 선택합니다.

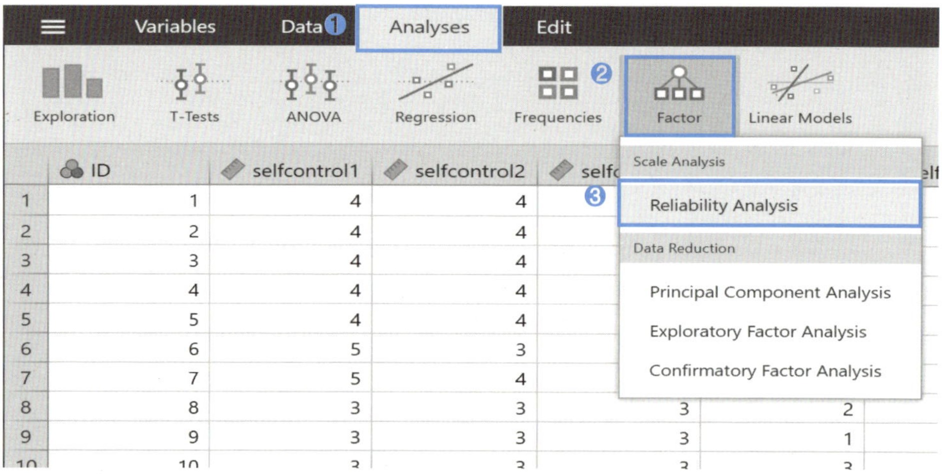

| 그림 8-3 | 신뢰도 분석 실행

(3) 분석창에서 'selfcontrol1'~'selfcontrol5' 변수를 오른쪽 Items에 넣어줍니다. 기본적으로 Cronbach's α에 체크되어 있습니다.

- Cronbach's α 총분산과 각 문항의 분산합의 비를 이용하여 내적 일관성을 계산하여 크론바흐 알파 계수를 산출합니다.

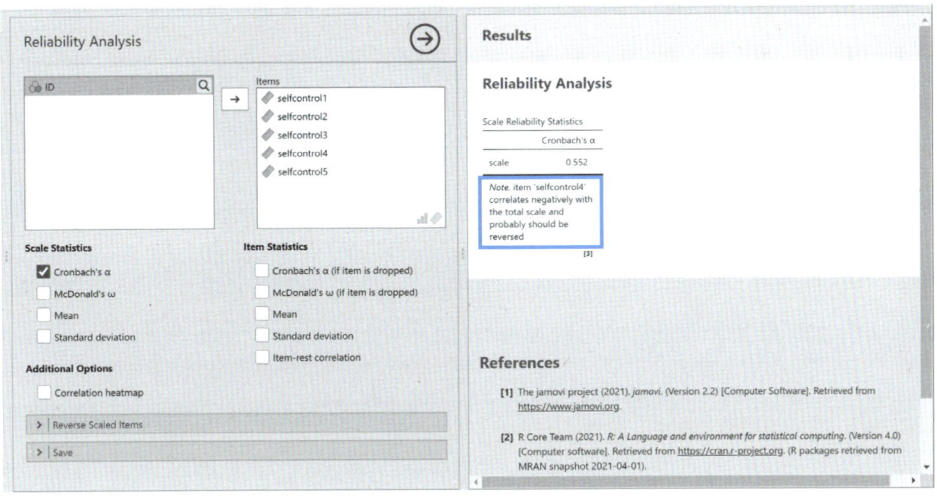

| 그림 8-4 | 신뢰도 분석창 입력

분석창에서 5개의 변수를 다 넣으면 오른쪽 결과창에 Cronbach's α값이 출력됩니다. 그런데 결과표 아래에 Note. 표시와 함께 안내 문구가 나와 있는 것을 볼 수 있을 것입니다. 'selfcontrol4'가 역산이 되어야 한다는 내용이 쓰여 있습니다. 앞에서 우리는 1, 2, 3, 5번 문항은 점수가 높을수록 절제를 잘 하는 것이었지만 4번 문항은 점수가 낮을수록 절제를 잘 하는 것이므로 역코딩을 해주어야 합니다. 직접 변환기능을 통해 역코딩을 하는 방법도 있지만 jamovi에서는 변수만 선택하면 역산하여 결과를 산출해 줍니다.

(4) 역산을 하기 위해 ❶ Reverse Scaled Items 바를 클릭합니다. 변수들 중에서 역코딩이 필요한 ❷ 'selfcontrol4' 변수를 선택하여 오른쪽 Reverse Scaled Items에 보내줍니다.

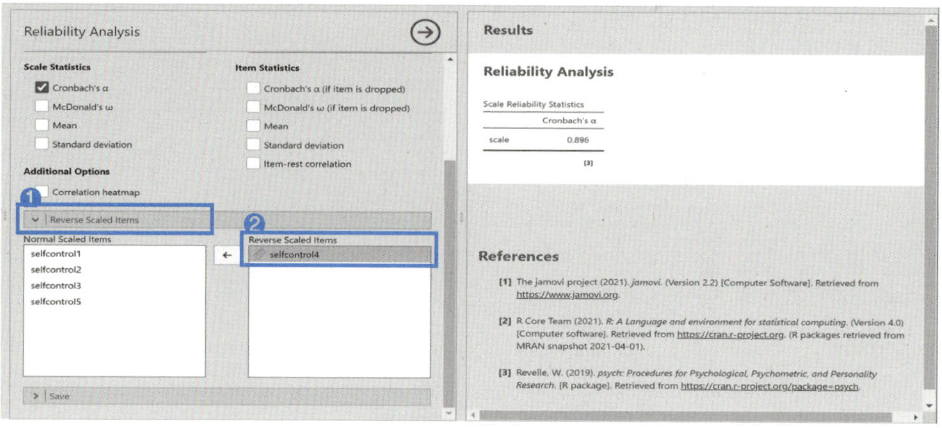

| 그림 8-5 | 역산 문항 설정

다시 결과창을 살펴보면 Cronbach's α 계수는 0.896으로 나타났습니다. 절제 문항들의 신뢰도는 0.896으로 높은 편이므로 일관성이 있고 정확성이 높게 측정이 된 것으로 볼 수 있습니다.

(5) 추가적으로 Additional Options에서 Correlation heatmap을 선택하면 각 변수들 간의 상관계수를 알 수 있습니다.

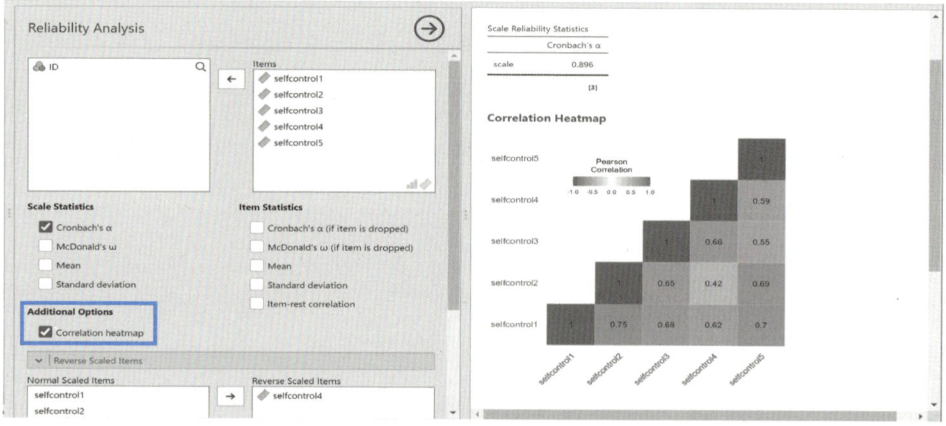

| 그림 8-6 | 추가옵션 선택

결과 보고하기

성격강점의 하위요인 '절제' 항목에 대한 문항 구성과 신뢰도는 〈표 8-1〉과 같다.

〈표 8-1〉 절제 문항 구성과 신뢰도

항목	문항내용	Cronbach's α
1	내 정서를 다스릴 줄 안다	
2	다칠 위험이 있는 일은 하지 않는다	
3	다른 사람들이 나를 칭찬할 때면 슬그머니 화제를 돌린다	0.896
4*	스스로 한 일을 추켜세우는 편이다	
5	과거의 것을 문제 삼지 않는다	

* 역채점 문항

'절제' 문항들에 대한 신뢰도는 .896으로 높게 나타나 문항의 신뢰도가 높은 것으로 볼 수 있다. 따라서 1~5번 문항들이 절제와 관련된 내용들을 일관성 있게 측정하고 있으며 정확도가 높다고 해석할 수 있다.

실습해 보세요

01 lsj데이터 중 'Personality Questionnaire' 데이터를 이용하여 신뢰도 분석 실습을 해봅시다. 250명의 성격 보고서 항목에 대한 데이터이며 5개의 요인으로 구성되어 있습니다. 상냥함(A1~A5), 양심(C1~C5). 외향성(E1~E5), 신경증(N1~N5), 개방성(O1~O5)입니다. 상냥함 요인에 대한 신뢰도 분석을 해봅시다.

1) Open – Data Library – Personality Questionnaire 파일을 클릭하여 데이터를 열어봅시다.

Personality Questionnaire 데이터 열기

2) 변수 유형을 알맞게 설정해 줍니다.

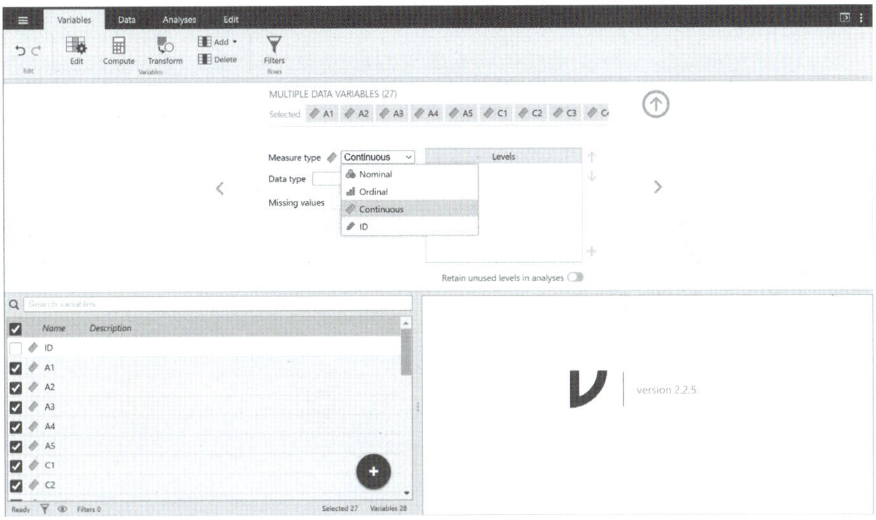

변수 유형 설정

3) 신뢰도 분석을 위해 Analysis – Factor – Reliability analysis를 선택합니다.

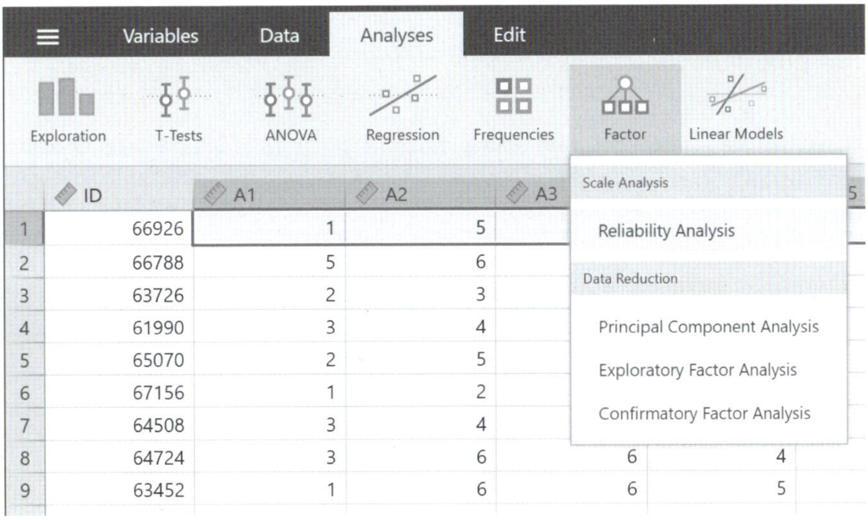

신뢰도 분석 실행

4) ‘상냥함’ 요인에 대한 신뢰도 분석을 해보겠습니다. 상냥함에 해당하는 A1부터 A5까지의 항목을 Items에 넣어줍니다.

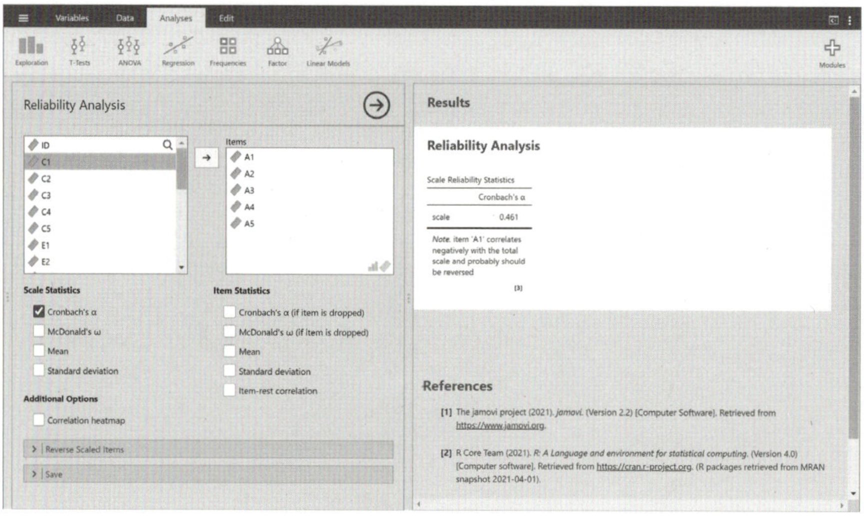

신뢰도 분석창 입력

결과창에 Cronbach α값이 제시됩니다. 결과표 아래에 Note가 추가되어 있는 것을 볼 수 있는데, ‘A1’ 문항이 역산되어야 함을 알려주고 있습니다.

5) Reverse Scaled Items 메뉴 바를 클릭하여 ‘A1’을 오른쪽의 Reverse Scaled Items에 옮겨줍니다.

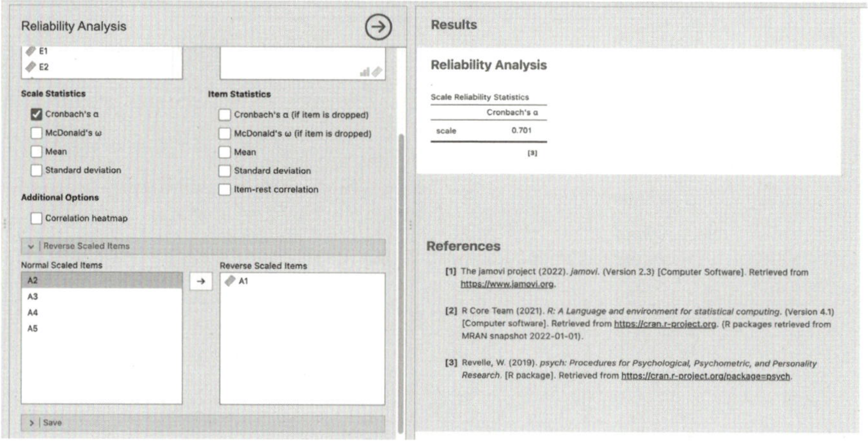

역코딩 문항 설정

결과창에 Cronbach α값이 0.701로 나타났으며 처음에 역산 문항에 대해 나왔던 Note의 내용이 없어진 것을 확인할 수 있습니다.

따라서 상냥함에 대한 5개(A1~A5)의 문항들의 신뢰도를 나타내는 Cronbach α값은 0.701이며, 신뢰도가 높은 정도라고 볼 수 있습니다.

연습문제

중학교 2학년 학생 30명을 대상으로 성공지능을 알아보고자 조사를 실시했습니다. 여기에서 2번과 4번 문항은 역산해야 하는 문항으로, 현재는 응답한 그대로 입력되어 있습니다. 성공지능의 하위요인 중 분석적 지능 요인 일부에 대한 항목들의 신뢰도를 분석해 보도록 합시다.

〈설문 내용〉

번호	문항 내용	전혀 그렇지 않다	그렇지 않다	보통이다	그렇다	매우 그렇다
1	나는 사물들의 특징을 비교 분석한다.					
2	추론하여 결과를 이끌어 내는 것을 싫어한다.					
3	나는 문제 상황을 고려하여 해결 방법을 찾는다.					
4	남의 행동을 평가하는 것을 싫어한다.					
5	나는 단계에 맞게 문제를 해결한다.					
6	나는 학습문제 해결 전략을 수립한다.					

〈데이터〉

	ID	analytic1	analytic2	analytic3	analytic4	analytic5	analytic6
1	1	5	1	5	2	4	5
2	2	4	2	4	3	4	4
3	3	5	1	4	1	5	4
4	4	4	1	5	2	5	3
5	5	3	3	3	2	3	2
6	6	4	2	3	3	3	2
7	7	3	2	4	3	4	4
8	8	4	2	4	3	4	4
9	9	3	3	3	2	3	2
10	10	5	1	5	1	5	4
11	11	5	1	5	2	4	5
12	12	4	2	4	3	4	4
13	13	4	2	4	3	4	3
14	14	2	3	3	5	4	2
15	15	4	2	4	3	4	4
16	16	3	3	3	3	3	3
17	17	4	2	3	3	3	2
18	18	3	2	4	3	4	4
19	19	5	2	4	3	4	4
20	20	4	2	5	2	4	5
21	21	4	1	5	2	5	5
22	22	3	3	4	1	5	5
23	23	3	3	3	2	3	2
24	24	4	2	3	3	3	2
25	25	5	1	5	1	5	4
26	26	5	2	4	3	4	4
27	27	4	2	4	3	4	4
28	28	5	1	5	2	4	5
29	29	4	2	4	3	4	4
30	30	5	2	4	3	4	4

참고문헌

류성진(2013). **커뮤니케이션 통계 방법**. 서울 : 커뮤니케이션북스.

설현수(2022). **jamovi 통계프로그램의 이해와 활용**(제3판). 서울 : 학지사.

성태제(2019). **알기 쉬운 통계분석**(제3판). 서울 : 학지사.

한국교육평가학회(2004). **교육평가용어사전**. 서울 : 학지사.

황성동(2019). **누구나 할 수 있는 jamovi 통계분석**. 서울 : 학지사.

Davis, C.(2019) *Statistical Testing with Jamovi and Jasp : Open Source Software*. Vor Press.

Navarro, D. J., & Foxcroft, D. R.(2022). *Learning statistics with jamovi : a tutorial for psychology students and other beginners*. (Version 0.75). DOI : 10.24384/hgc3-7p15.

Richardson, P., & Machan, L.(2021). *Jamovi for psychologists*. London : Red Globe Press.

The jamovi project(2022). jamovi (Version 2.3) [Computer Software]. Retrieved from https://www.jamovi.org

저/자/소/개

■ **김경철**
한국교원대학교 유아교육과 교수

■ **유정인**
한국교원대학교 유아교육과 강사

jamovi로 쉽게 시작하는 **데이터 분석**

|공저자| 김경철 · 유정인

|1판 1쇄| 발행 2023년 6월 15일

|발행인| 김동훈
|발행처| 공동체

|주소| 경기도 고양시 일산동구 호수로 358-39, 동문타워 1차 905호(백석동)
|전화| 031)814-3000(대표)
|팩스| 031)814-3100
|홈페이지| http://www.compub.co.kr
|전자우편| compub@naver.com
|출판등록| 2005년 10월 6일
|등록번호| 제396-2005-36호

|ISBN| 979-11-6725-296-8
정가 16,000원